千寻 与世界相遇

千寻 Neverend

选题策划　云海燕
项目编辑　云海燕
美术编辑　沈秋阳
装帧设计　木
内文排版　史明明
责任印制　盛　杰
营销编辑　奚嘉阳

学习之书

有效的陪伴者

李怀源——著

晨光出版社

图书在版编目（CIP）数据

学习之书．有效的陪伴者 / 李怀源著．-- 昆明：晨光出版社，2025.3.-- ISBN 978-7-5715-2698-6

Ⅰ．G791-49；G782-49

中国国家版本馆 CIP 数据核字第 2025RN2967 号

XUEXI ZHI SHU YOUXIAO DE PEIBAN ZHE

学习之书 有效的陪伴者

李怀源——著

出 版 人 杨旭恒

选题策划 云海燕
责任编辑 杨亚玲
插　　画 黑珍珠大食怪

出　　版 晨光出版社
地　　址 昆明市环城西路 609 号新闻出版大楼
邮　　编 650034
发行电话 （010）88356856 88356858
印　　刷 北京顶佳世纪印刷有限公司
经　　销 各地新华书店
版　　次 2025 年 3 月第 1 版
印　　次 2025 年 3 月第 1 次印刷
开　　本 130mm × 185mm 32 开
印　　张 5
字　　数 72 千
I S B N 978-7-5715-2698-6
定　　价 35.00 元

不期待拥有一个完美的孩子

李怀源

我有一个学生，1996 年小学毕业，她把我称作“一束光老师”。他们毕业后第一次同学聚会时，她给我讲了她记忆中的教育故事，故事大概是这样的：我接手他们班是他们上小学四年级时，一次上课听写，我根据名册叫到了她的名字，结果全班同学都在起哄，大喊她的名字，我注意到一个涨红了脸的小女孩，及时制止了其他同学的哄闹，也没有叫她到黑板上听写。后来，我还告诉她，会回答的时候就举手，不举手我就不会叫她来回答问题。我小小的举动，却让她记了这么多年。

2024 年春节，我们见了一面。在交谈中，她谈到了她的两个孩子，其中一个的记忆力有点弱。从她对孩子的态度，尤其是当着我的面平和地说到孩子的学习困难，我知道她是能够正视这一切，并积极去应对的。

她不知道，她的出现也是我教育生涯的一束光，她对孩子学习困难的正视，让我从更加专业的角度思考如何在当前的教育环境中关注学习困难儿童，帮他们走出困境，成为自己学习生活的主导者。

学习是一件困难的事情，对初学者而言更是如此。但是，不同的孩子，困难又有所不同。这些学习困难一般表现为三个方面：一是不知道为什么学，二是不知道怎么学，三是不能坚持学。这些困难会让孩子失去自信，把自己定义为一个失败者，久而久之，他们就会放弃学习。

孩子遇到学习困难有一部分原因是在某些方面存在障碍。从生理上来说，学业优秀与否主要与大脑的两部分功能有关：一个是语言系统功能，一个是执行系统功能。所以，大脑的语言系统和执行系统出现问题会影响孩子的学习能力。语言系统问题会让孩子出现阅读障碍、书写障碍、计算障碍等；执行系统问题会让孩子出现注意力缺陷、多动障碍和执行功能障碍等。出现了这些障碍的孩子跟同龄的儿童比就会表现出学业水平低、学习能力差等问题。

如果一个人存在听力障碍、视力障碍或者行动障碍等看得见的困难，大家一般都会热心地帮助和支持他们。但对于学习障碍，大家似乎就没有那么宽容了。这是因为学习障碍是不可见的，且很多时候都被传统观念定义为懒惰、缺乏兴趣或不够聪明。对家长们来说，孩子懒惰，就多激励和监督；缺乏兴趣，就多扩展孩子的视野；但孩子不够聪明，他们往往会束手无策。其实，对于这些问题，不管采取怎样的措施，家长们都会发现收效甚微。随着年级的升高，孩子们会越来越抵触学习，家长们也会越来越无能为力。

如今，世界上出现了“教育治疗师”这样的职业，包括言语治疗师、作业治疗师、注意力缺陷多动障碍教练、阅读专家、数学专家、课业辅导老师等。这些人员专门对孩子进行各方面测试，并采取相应的干预措施有针对性地帮助孩子，取得了一些成效。不过，我国目前针对个别学生的教育还处于萌芽状态，在这种环境之下，如果孩子出现了学习困难，就需要家长为孩子提供帮助。

这本书的编写，从身处信息时代的孩子们的真正需求出发，以“问卷调查”的方式，从家长那里征集了很多实际的问题，针对这些问题进行了分类回答。我们的出发点不是贩卖和制造焦虑，而是尽可能地解决问题。因此，在回答问题的时候，我基本遵循这样的结构——是什么、为什么、怎么做。“是什么”是对问题进行判定，“为什么”是探讨问题出现的原因，“怎么做”是提供一些思路和方法。

这些问题不是针对某个具体的孩子，我也没有提供所谓“立竿见影”的“良方”，因为这在教育中是不存在的。教育需要一天天的积累，改变也是一点点发生的。所以，我期许大家也不要存在“药到病除”的幻想，这更有利于大家保持平和的心态，认清现实，帮助孩子一步步地成长。

教育的改变，首先是观念的转变。就像良好的亲子关系、适度的期许能够给孩子提供源源不断的动力一样，教育观念也会为家长提供动力，明确努力的方向，以思维改变行为。**其次是策略的积累。**策略是在某种情境下可以使用的方法的集合。在与孩子的相处中，家长应该成为“教育治疗师”，以自己的行为改变孩子的思维，进而促进他们成长。

这本书通过回答具体的问题，透露了一些教育的观念：

◎**保持良好的亲子关系。**这是帮助孩子克服学习困难的重要基础和最有力的支持。父母要尽可能了解孩子的需求，多多给予孩子精神鼓励和实质支持，让孩子知道父母永远爱他们，不会因为他们出现学习困难而放弃他们。这样，孩子就有勇气克服很多困难，一直学下去。

◎**与学校老师保持良好的沟通。**家长要与老师建立联系，保持定期沟通，听取老师的意见和建议，在必要的时候寻求老师的帮助。因为老师最了解学生日常的学习行为表现。学校教育需要面向全体学生，实施个性化的教育相对困难，但老师针对不同的学生给出的不同建议可以在家庭里实施。家庭与学校共同努力，孩子就有克服困难、走出困境的可能。

◎**采取必要的措施帮助孩子。**跟孩子商讨学习目标，是改变现状的第一步。有了共同的目标，再制订可行的计划。在完成计划的过程中，需要一些工具材料的支撑，比如，记录用的表格、阅读用的图书等。

◎**放弃完全由孩子自主的观念。**曾经，孩子的学习生活完全由孩子自主建构被认为是最先进的教育理念，现在看来并非如此。自主意识和自我管理能力强的孩子可以自主学习，但多数孩子都需要大人的支持和帮助。

从帮助孩子反思学习内容、记录学习过程入手，孩子就能逐渐对自己的学习有清晰的认知，从而建立自主意识。

孩子在学习中学会学习，在克服困难中建立自信。所有的大人都不是裁判员，而是孩子成长过程中的教练员，有教无类、因材施教是我们要做的，也是我们该做的。放下一些旧观念，学习一些新观念，探索一些新方法，对孩子和大人都有益。

教学相长，学无止境，祝愿所有的父母都能成为孩子成长路上的守护人。

目录

第一章 如何激发孩子的学习动力？

1. 孩子的心思不用在学习上，一心想玩怎么办？ ………… 2

2. 孩子学习没有上进心怎么办？ ………………………… 6

3. 孩子依赖性强，怎么才能让他爱上思考和动脑？ ……… 9

4. 孩子道理都懂，就是没上进心，一说就哭怎么办？ … 12

5. 孩子总是怕困难，遇到不会的就想放弃怎么办？ …… 15

6. 孩子成绩不理想该如何鼓励？ ………………………… 18

7. 没有大人监督，孩子不能积极完成作业怎么办？ …… 21

8. 觉得孩子有进步的空间，该怎么和孩子沟通？ ……… 24

9. 如何引导孩子爱上学习？ ……………………………… 27

10. 如何让孩子认识到学习是自己的事？ ……………… 30

11. 孩子自我要求高，做不到就崩溃大哭怎么办？ …… 33

第二章 如何帮助孩子提高学习能力？

12. 孩子写作业拖拉磨蹭怎么办？ ……………………… 38

13. 孩子做事慢半拍怎么办？ ………………………… 41
14. 孩子总是不理解题意怎么办？ …………………… 44
15. 买了很多课外书，孩子不读怎么办？ …………… 47
16. 阅读影响语文成绩吗？孩子只读搞笑的书怎么办？ 50
17. 如何培养孩子的逻辑思维能力？ ………………… 54
18. 如何提高孩子的专注力？ ………………………… 58
19. 如何发现孩子的天赋？ …………………………… 61

第三章 如何帮助孩子养成良好的学习习惯？

20. 孩子偏科严重怎么办？ …………………………… 66
21. 帮孩子制订了计划，孩子不按计划执行怎么办？ …· 70
22. 孩子用来学习的时间挺多，但效果不明显，怎么办？ 73
23. 教给孩子好的学习方法，孩子不愿去试，怎么办？ 76
24. 孩子平时做练习正确率高，但考得差，怎么办？ …· 79
25. 孩子总是忘记带东西怎么办？ …………………… 82
26. 如何提高孩子收拾书包的速度？ ………………… 85
27. 纠正孩子写作业的姿势总没成效怎么办？ ……… 88
28. 孩子上六年级，还能养成好的学习习惯吗？ …… 91
29. 孩子总是先玩够了才写作业怎么办？ …………… 94

第四章 如何更好地支持和陪伴孩子学习？

30. 陪伴孩子学习时有哪些“禁忌”？ …………………… 98
31. 如何为孩子营造适合学习的环境？ …………………… 102
32. 可以让家里的两个孩子一起学习吗？ ………………… 105
33. 可以用物质奖励来激励孩子学习吗？ ………………… 108
34. 有必要给孩子报兴趣班吗？ ……………………………… 112
35. 每次辅导作业都生一肚子气，怎么管理情绪？ …… 115
36. 是否应该额外给孩子布置作业以及任务？ ………… 119
37. 孩子上二年级，父母不想“鸡娃”可以吗？ ……… 122
38. 如何有效陪伴孩子阅读？ ………………………………… 125
39. 如何帮助孩子扩展知识面？ ……………………………… 128
40. 孩子总是更关注电子设备，如何引导？ …………… 131
41. 在不同年级，家长如何参与孩子的学习？ ………… 134
42. 当下的竞争很激烈，家长如何保持平常心？ ……… 137
43. 工作很忙，很难分身陪伴孩子学习怎么办？ ……… 140

后记 …………………………………………………………… 143

第一章

如何激发孩子的学习动力？

1

孩子的心思不用在学习上，一心想玩怎么办？

这个问题中所说的“学习”，通常指的是学科学习，或者书本学习。

大家都知道，对孩子而言，“玩”是一种游戏的方式，而游戏其实是一种比较好的学习方式，比如，小猫、小狗等动物就是通过扑、咬这种日常嬉戏来掌握技能的。因此，我们要注意区分孩子的“玩”是一种消遣娱乐，还是一种学习方式。孩子所处的年龄阶段不同，所使用的学习方式也不同。一般来说，越低龄的孩子，通过游戏学习的时间越长、强度越大。但是随着年龄的增长，孩子的学习内容发生了变化，这种学习方式已不适用于后续的学习，如果孩子无法适应新的学习方式，家长就会觉得孩子特别贪玩，不愿意学习。

这种“不愿意”，其实不是情感上不愿意，而是能力上存在不足。孩子因为不会学、学不会，才选择了一种更放松的方式——玩，这让他们更有愉悦感。所以并不是孩子不愿学习，而是他们不会学习。

对此，我们大人的作用不是单纯地鼓励孩子，而是要教孩子怎样去学。比如在学习语文时，我们可以先读给孩子听，再让孩子模仿着来读一读，这样孩子在学的时候就能简单一些，也会获得好的学习体验。慢慢地，我们就能把孩子的心思从“玩”转移到学习上来。

有的孩子可能很长一段时间都无法将心思转移到学习上，那就把“玩”和“学”融合在一起——通过游戏的方式来学习。以讲代学、以教代学是最好的学习方式，我们可以让孩子成为主导者来设计游戏，家长来玩。孩子通过设计游戏，讲解游戏规则，不但自己的思路更清晰，而且会考虑怎样让别人来克服困难完成游戏，这能在极大程度上锻炼孩子的思维能力。这种方式其实也是在建立一种全新的学习观，那就是家长跟孩子共同学习。

家庭里的学习不应局限于传统意义上的书本学习和简单的练习，而要更注重思维的参与。所以，我们应该改变一下学习观念，不要认为抄抄写写、读读练练就是学习，而要让孩子的思维参与其中，把“玩”和“学”结合在一起，让孩子觉得“学”在“玩”中，“玩”是为了“学”。

有的孩子平时爱玩手机游戏，因为能从中获得短暂的快乐，而且无论输赢，都能得到及时的反馈，这一点尤为重要。所以，如果孩子无法摆脱手机游戏，那我们就可以尝试借助同样反馈比较及时的人工智能学习机来辅助孩子学习，“学”在“玩”中，让孩子获得较好的学习体验。

有些家长在时间和精力上都无法给孩子提供深层次的陪伴，利用学习机来陪伴孩子学习不失为一种选择。不过前提是我们要先考察给孩子使用的学习机是否设置了诸如课本内容的学习回顾、作文的评改等功能。

总而言之，对于孩子的“玩”，我们一定要抱有审慎的态度，既不能放任自流，又不能一律禁止，需要判断孩子能否从中有所收获，比如动手能力是否增强，或者思维能力是否提高，又或者体质健康是否达标。如果孩子“玩”只是一味地为了娱乐，那我们就要及时进行引导了。

2

孩子学习没有上进心怎么办?

每个人对自己的要求是不同的。有些孩子对自己的要求比较高，有些孩子对自己的要求比较低。比如有的孩子写不完作业就不睡觉、不吃饭，考试考了 99 分会哭，但有的孩子考了及格分也很高兴。

在现实中，考了 99 分还会哭的孩子算是对自己的要求过于严格了。孩子上进心比较强，有的是个人性格使然，也有的是家长的要求所致。家长对于孩子学习成绩满分的追求，更多地让孩子走上了追求完美的道路，这可能在初中表现得更明显，但是在小学也是普遍存在的。如果孩子没有表现出追求满分的强烈意愿，一些家长就会觉得自己的孩子没有上进心或者上进心比较弱。

实际上，每个人都有上进心，凡是在学习场域里，每个孩子都希望通过考第一来获得家长、老师、同学的认可，但是经过长久的训练、比赛，有的孩子发现自己无论怎么努力都比不过别人，所以就选择了一种外在表现——没有上进心来应对。此时，孩子的自我心理防御机制已经启动，不管家长怎么说，他都没有办法达到家长的要求。

这时该怎么办?

家长要跟孩子共同商定进步的目标。这个目标是孩子自己的目标，不是家长的目标，也不是全班的平均分或者最高分。很多孩子觉得自己经过努力已经取得了进步、实现了目标，比如考试分数有所提高，满心欢喜回到家，结果家长在比较了班级最高分之后，觉得自己孩子的成绩还差得很远，一脸不高兴，却忽视了孩子的进步和孩子内心的目标。所以，在孩子考完试后，家长可以问问孩子自己对考试结果、所学成果是否满意，及时了解孩子内心真实的想法，而不要把自己的标准强加给孩子。

孩子永远都有上进心，只是上进的幅度可能不像家长希望的那么大。进步是一个台阶一个台阶实现的，不是一步到位的。我们不要让孩子习惯于立下豪言壮语，却每一次都达不到定下的目标，这样不但孩子自己会失望，家长也会失望，久而久之，孩子就更不愿努力了。

孩子有了合理的目标和学习规划，才不会放弃学习。在目标背后，我们也要帮孩子做出规划，让孩子过一个阶段就看一看自己定下的目标是否达到了，如果没有达到，找出是哪里出了问题，然后调整自己。这才是合理的上进心，也是我们应该追求的。

孩子的学习是一个长期的过程，家长的理解与引导是他们成长中的重要助力。作为家长，我们除了要帮助孩子调整目标、制订计划，也要反思自己对孩子的期望是否合理，教育方式、沟通方法是否合适，家庭的学习氛围是否影响孩子，等等。通过平衡期望，及时给予孩子支持和正向鼓励，我们可以帮助孩子建立自信，找回上进心，重拾进步的动力和学习的兴趣。

3

孩子依赖性强，怎么才能让他爱上思考和动脑？

孩子依赖性强，其根源是家长替孩子做得太多。比如，我们问了孩子一个问题，还没等孩子想出答案来，我们就已经不耐烦了，或者已经说出答案了。**大人过早地介入孩子的思维，就会造成孩子不爱思考、不动脑筋，养成依赖的习惯。**

我们要学会等待，也许下一秒孩子忽然就想出答案了。很多问题不是马上就有答案的，一个好的问题，甚至值得我们思考一生。

所有的孩子天生都是思考者。相信家长们都有这样的体验，在孩子会说话后的一段时间内，孩子简直就是"十万个为什么"，跟他们说什么，都会被追问一句"为什么"，这是孩子积极了解世界的重要时期。孩子之所以后来不再问"为什么"，是因为他们从大人那里几乎得不到想要的答案，于是更多时候选择通过个人体验去寻求答案了。从这个角度来说，孩子都会经历一个从被动转为主动寻求答案的过程。爱动脑筋、爱思考是他们的天性。

而具体到学科学习上，孩子不爱思考，是因为我们急于追求答案的正确性，过于追求孩子能快速给出结果。一有答案，问题就终结，我们就再也不会去过问孩子了。有的孩子其实很审慎，他不写上答案，不是他没有答案，而是要找到一个更完美的答案。如果家长一味催促孩子马上给出答案，那么在他写下答案的同时，他的思考也就终结了，久而久之，孩子也就习惯不去深入思考了。

千万不要过于追求书面的、简单的答案，这样孩子才会有思考和动脑的过程。我们在家里可以经常和孩子玩问答小游戏，给孩子示范提问的角度和回答问题的角度。比如家里养了猫，可以问孩子为什么要养猫，猫为什么经常发出咕噜声。**实际上，发现问题比解决问题更重要。**这样的提问，能让孩子学会观察生活，思考生活中的常见现象，努力去寻求答案。慢慢地，孩子就会变得爱思考、爱动脑。

平时，我们要成为爱提问的家长，多提一些“为什么”的问题，给孩子做好示范。很多上小学的孩子早已关上了“十万个为什么”的大门，我们要帮助孩子重启这扇大门，虽然会花费一些力气，但值得。

4

孩子道理都懂，就是没上进心，一说就哭怎么办？

孩子有没有上进心，其实只是家长做出的评判。正如前文所说，所有人都有上进心，尤其是孩子。当我们认为孩子没有上进心时，不免会“说”他，结果孩子“一说就哭”。

这里所谓的“说”，约等于批评，对孩子来说，他可能还沉浸在另一个情境之中，家长劈头盖脸就来批评，孩子就只有用哭来反馈情绪。

很多时候，我们对孩子的教育是“起于哭、止于哭”。所谓“起于哭”，就是孩子一哭，我们就教育他；所谓“止于哭”，就是孩子哭了之后，我们心一软，一切就不了了之了。

当孩子“一说就哭”时，我们首先要界定“说”是说明，还是说教、讲道理，抑或是批评，然后判断孩子的“哭”是在宣泄压力，还是在表达心中的愧疚、委屈，或者是在逃避责任（只要哭了，大人就不会再说自己）。

孩子哭，有时候是因为委屈，我们要理解孩子的情绪。孩子毕竟是孩子，能力有限，自制力也比较弱。他虽然有实现目标的想法，但在很多方面都无法自己做主，又怎么能实现呢？这就像我们在工作中提出了一个目标，但既没有资金支持，也没有人员配备，甚至连情感支持都没有，我们恐怕很难实现这个目标。所以，我们要怀着同理心去理解孩子，多帮助孩子，不对孩子提过高的要求，不过多指责与批评孩子，避免孩子处于孤立无援的境地。

“一说就哭”无非是孩子的自我保护机制。说说道理是很容易的，真正去做确实困难重重。所以，很多孩子讲起道理来甚至会超过大人，但是真的做起来往往又不能达到目标。当孩子立下目标，且愿意去尝试，敢于去挑战自我，我们既不要笑他，也不要袖手旁观，这些态度都是不理性的表现。我们要了解孩子的内在需求，然后提供支持和鼓励。比如孩子想早晨起来锻炼，为了安全，我们要陪同，要帮孩子选择合适的场地，尽可能配合、支持孩子实现目标。如果孩子想每天阅读二十分钟，我们就可以经常给孩子挑选适合他看的书，孩子时常被新书吸引，阅读目标就更容易实现。

如此一来，孩子的上进心就会增强，也就不会“一说就哭”，因为他已经尝试过如何通过个人努力去实现自己的目标。

孩子有了上进心，就有了前进的动力。作为家长，我们要尽量配合孩子，和孩子站在一起，少讲道理，多付诸行动，帮助孩子不断进步。

5

孩子总是怕困难，遇到不会的就想放弃怎么办？

人遇到困难想退缩，是一种正常的心理状态。比如孩子游泳的时候怕呛水、滑雪的时候怕摔跤等。

想放弃，其实就是怕失败。现在，怕失败的孩子越来越多，他们认为不做就不会错，不错就不会被批评，不被批评就不会受到伤害，其本质就是回避伤害。这时，大人就要发挥作用了，是鼓励，还是逼迫？要看孩子的性格。有的孩子动手能力较弱，虽然说得头头是道，但是做的时候缩手缩脚，这就需要教给孩子做的方法，鼓励孩子进行尝试，通过认同孩子做的结果增加孩子的成就感，让孩子逐步掌握做事的方法。有的孩子比较胆怯，我们就要做好心理疏导工作，减轻孩子的心理压力，告诉孩子可以表达自己的想法，在家里也要多征求、倾听孩子的意见，让孩子慢慢建立信心。

放在学科学习上也是一样的，孩子一碰到难题就不做时，我们千万不要给孩子施加情绪上的压力，而是要帮他解决问题。除了在解题方法上给孩子提供思路，我们也可以让孩子阅读一些故事书，和孩子讨论书中的主角是怎么成长的，以此激励孩子。很多故事中都会写到主角遇到困难时不放弃，克服千难万险，终于获得成长的历程。童话故事中的人物更是如此，这也是童话的力量所在，能够让孩子理性看待成长中的困难。

家长作为陪伴者，最智慧的做法无非就两种：要么提供实质性的支持，要么闭口不言。

提供实质性的支持就是帮孩子分析、解决问题。我们可以给孩子找带有答案的练习题，让孩子从答案中获取思路，帮助孩子认识到自己的能力，这样，孩子才能去克服困难。如果孩子总是认为自己能力不行，这个困难永远克服不了，那他就会不断地放弃和怀疑自己。

一旦孩子开始怀疑自己，我们就很难帮助他了。如果学科学习这条路孩子实在走不下去，也可以让他试试走一条别的路，让他去做他擅长的，总之，就是要让孩子看到自己的力量和特长，不能让孩子觉得自己各个方面都弱。等孩子在擅长的领域内积累了解决问题的办法和经验，就可以将其迁移，再来解决当前的问题。

如果我们能够适时保持沉默，不盲目地评价和指点，孩子就会有行动、判断和思考的时间。孩子会通过行动来尝试获取解决问题的方法，比如拼积木，一次拼不成可以拼两次。失败不可怕，重要的是孩子在尝试的过程中积累了经验。如果多次尝试后，孩子依然没有成功，我们就要给孩子时间反思，让孩子想一想自己遇到的困难到底是什么，能不能换个角度找一找其他的解决办法。孩子的智慧和耐力超出我们的想象，我们不干扰孩子，是作为陪伴者对孩子最重要的支持。

6

孩子成绩不理想该如何鼓励?

判断成绩是否理想有两个标准：外在标准和内在标准。所谓外在标准，就是老师或者家长的评判；所谓内在标准就是孩子自己对成绩的评判。

我们该如何通过鼓励让孩子的成绩更理想？这其中的逻辑应该是通过鼓励先改变孩子，然后让孩子的成绩更理想。其实，将“鼓励”换为“帮助”更合适。因为鼓励只是表面上的摇旗呐喊，而孩子成绩不理想一般是遇到了学习困难，这是需要我们帮助他克服的。那具体该怎么做呢？

◎**向孩子的老师求助。**我们无法解决所有的问题，可以寻求专业人士——老师的帮助。我们要多跟老师沟通，了解孩子在学科学习上到底出了什么问题，是自信心不足，还是学习投入不够，并请老师提供有针对性的支持与帮助。这里需要注意的是，我们不能只是跟老师说要多关注孩子，而是要请老师提出一些适合孩子的规划或者指导意见，然后我们再按老师说的来帮助孩子。

◎**跟孩子多沟通。**这里说的沟通，指的是有效沟通，而不是指责，也不是诱导。所谓指责就是埋怨孩子不努力、不用心；所谓诱导就是不断问孩子到底是哪里出了问题，逼孩子选择一个原因，但这很可能并不是真实的原因。我们应该做的是，让孩子拿具体的试卷或者作业来说一说哪里存在问题，把问题客观化，从而找到真正的原因，从根源上帮助孩子。

◎**让孩子知道面对不足该如何改进。**每个孩子都知道自己的不足，这一点毋庸置疑。因为孩子每天都生活在群体之中，群体压力能让他们知道自己在群体中的位置和水平。但重要的是，要让孩子意识到存在不足该怎么改进才有进步和发展的可能。我们可以帮助孩子了解自己属于哪种学习类型，比如视觉型、听觉型、读写型等。根据不同的学习类型，选择适合自己的学习方式，这样孩子才能取得明显的学习效果。当然，在明确自己学习类型的基础上，孩子也可以尝试其他学习方式，做到扬长避短。

当孩子成绩不理想时，我们应该思考其背后的原因，然后帮助孩子发现自己的优势，找到适合自己的学习方式。这样，不管是文体成绩，还是其他学科的成绩，都会因为使用恰当的学习方式而逐渐变好，最后达到理想的水平。

7

没有大人监督，孩子不能积极完成作业怎么办？

大人不在旁边陪伴监督，孩子就不能积极完成作业，这说明孩子还没有形成自主意识，没有建立自我监督的系统。这个时候应该怎么办呢？

◎作为家长，要懂得舍弃监督的责任。在谈家庭作业的时候，我们往往忽略了一个重要的监督者——老师。老师才更应该监督孩子的作业是否完成，以及完成得怎么样。一般来说，老师会在课堂上反馈作业情况，会针对孩子的情况进行指导，因此，不要让孩子养成依赖家长才能写作业的习惯。如果孩子已经习惯了家长监督，那就要慢慢改变，鼓励孩子进行自我监督，培养孩子自主学习的能力。

◎即便监督，也只监督成果，而不监督过程。虽然老师是重要的监督者，但现实情况往往是老师要求家长在孩子的作业上签字，让家长来监督。即便如此，我们也要知道，监督需要注意远近，可以只监督成果，而不监督过程。几乎没有一个人在进行创造性工作的时候，喜欢旁边站着一个人。

当然，有的孩子好奇心特别强，他在写作业的时候会想知道爸爸妈妈在做什么。对于这样的孩子，我们保证在他的视野范围内活动就行，但尽量不要发出声音，这样孩子也就不会分心。

◎监督结果的同时，还要反馈结果。反馈并不都是表扬、赞许，也包括建议和批评。比如，有的孩子天生挑战欲比较强，我们越在意他的作业完成情况，他可能就越想挑战我们。有的孩子会疯狂地试探我们的底线，不写作业，看看我们到底会多生气；好好写作业，看看我们会多高兴。这时我们要让孩子知道边界，指出他的问题，告诉他错在哪里。这样对结果做出合理的评价，孩子就能认识到，只有积极写作业，才能获得良好的评价，消极写作业不但完不成作业，还会受到家长的批评。

总而言之，我们要明确的是，只监督结果，而不去监督过程；即便不得不参与过程，也要保持适当的距离，既让孩子感受到我们的存在，又不去干扰他。这样，孩子的好奇心得到了满足，挑战欲也不会那么强烈，同时家长在旁边也能了解孩子学习的过程，那么这个问题也就迎刃而解了。

8

觉得孩子有进步的空间，该怎么和孩子沟通？

这个问题涉及我们希望孩子达到什么标准。一般来说，家长的标准偏高，孩子的标准偏低。这是因为孩子希望通过达到目标来证明自己的能力。因此，不管是在学校还是在家，孩子都会给自己制订一个相对可行的标准。

大家希望孩子好高骛远还是脚踏实地？肯定是后者，但是家长经常会给孩子制订一些高远的目标，当孩子没有达到家长制订的目标时就会表现出失望。也有的家庭反之，家长对孩子没有过多期望，安于现状。这两种做法都不太可取。

如果我们觉得孩子还有进步的空间，该怎么去和孩子沟通呢？在我看来，可以从以下两点入手。

◎询问孩子对学习现状是否满意。我们首先要询问孩子，他对自己现在的学习状态、考试成绩，或者自己在群体里的角色和位置是否满意。这其实就是在统一双方的标准，如果孩子对这些现状都比较满意，就让他说出满意的理由，如果我们也认同这些理由，那么我们就要适当调低原来较高的标准，孩子以后能够保持目前已达到的标准就可以。如果我们无法认同孩子的标准或理由，就要和孩子正向地沟通。沟通应该是建设性的、鼓励性的，而不是单纯的批评或施加压力。我们可以通过开放性问题引导孩子反思自己的表现和进步空间，也可以通过提出一些具体建议来帮助孩子明确方向。比如，“你觉得自己还有哪些方面可以再进步一些？”“我觉得你在阅读方面还有很大的潜力，也许再试试其他方法，你会有更大的进步。”

◎**询问孩子有什么人生目标。**在达到我们共同认可的学习标准后，下一步，我们就要询问孩子的人生目标。比如，孩子未来想做什么？做到什么程度？这就是在孩子发展的另一条线上再订立一个标准，我们对此不干预，但是要支持。孩子确定好自己要在哪些方面达到怎样的水平后，如果我们觉得可行，就跟孩子共同遵照这个标准，支持他们的自我发展。不过，我们也不要把孩子的成长空间都填满，因为那样孩子的压力会很大，可能会出现其他问题，比如焦虑、抑郁等。

对于学习，我们不能强求孩子现在就达到极致的水平，只要能达到与孩子能力匹配的水平就可以，然后用余力去做更有意义的事情。也就是说，要让孩子成为一个学有余力的孩子。所谓学有余力，是指孩子不用投入太多的时间，就能完成学校里的学业，给自己留出更大的发展空间去发现自己的兴趣和特长，尝试多种可能。至于具体做什么，我们要跟孩子商量，彼此达成一致即可。

9

如何引导孩子爱上学习？

学习分为学科学习和生活中的学习两部分，这里主要来谈学科学习。学科学习是一种符号化的思维和表达方式，对任何孩子来说都有挑战。那怎么引导孩子爱上学习呢？

◎ **“学会”是保持学习兴趣的前提。**以前大家经常说“兴趣是最好的老师”，可我们天生对很多东西感兴趣，但后来为什么兴趣的灯一盏一盏地慢慢灭掉了？因为我们学不会。所以，我们一定要让孩子尝到胜利的果实，感受到学习的快乐，这样，他们才愿意去学习。也就是说，我们要让孩子学习与其能力相匹配的内容，让孩子通过不断地体验成功来总结经验、解决问题，循序渐进地做更难、更高强度的练习。

◎**整体把握是学习的重点。**孩子所学的内容多是片段式的、零散的知识点，只有将其联系起来构成整体，学习才有意义。我们要引导孩子从整体上把握学习的内容，具体的做法就是给孩子一些难度比较低的任务和挑战。比如，在做阅读题时，如果孩子上三年级，可以让他做二年级，甚至一年级的阅读题，当做这些难度较低的题目时，孩子能感受到如何从更全面的角度思考问题。有了这样的经历，孩子就会知道，等到四年级时再做三年级的阅读题肯定没有困难，原因是自己已经对三年级学习的内容有了清晰完整的认识。大家千万不要认为这是在掩耳盗铃，孩子有了全局意识之后，看待题目的角度、解题思路等方面都会发生变化，也能对学习过的内容进行关联，努力从整体上把握学习进程。慢慢地，孩子对学习的自信心就会大增。

◎**探究是学习的本质。**大家所说的喜欢学习，绝对不是喜欢练习题和作业。孩子们对学科学习天然抱有兴趣，只是在社会发展的过程中，人们把学科学习窄化成了练习、考试，孩子就逐渐失去了对学习本身的兴趣。而在家里玩角色扮演、积木搭建游戏，孩子一般都会喜欢。这种喜欢是因为孩子把握了学习的本质——探究。他们是因为探究而学习，而不是因机械训练而学习。

认为孩子爱做题、多做题才是爱学习，这是不对的。天生爱做题的孩子很少，但是爱思考、爱动手的孩子还是非常普遍的，因为孩子对这个世界充满好奇，他们愿意去挑战自己，挑战不可能。因此，引导孩子爱上学习，就需要给孩子更大的学习空间，让孩子能够在广阔的学习天地中进行探究，这是最重要的。

10

如何让孩子认识到学习是自己的事?

现实中，很多孩子会有这样的误解，认为学习是为老师和家长学的。这主要是因为老师和家长在孩子的学习上介入太多导致的。要让孩子认识到学习是自己的事，该怎么做呢?

◎**让孩子拥有学习的自主权。**这是第一步，而拥有自主权的第一步是让孩子为自己的学习建立标准，比如，在班级里保持成绩稳定或上升，保证某个学科的分数在一定的区间。孩子建立了自我学习标准之后，家长要对标准保持认同，不要认为标准过低，因为孩子了解自己学习的真实情况，他所建立的标准是比较理性的，经过努力就能达到。等孩子达到自己建立的标准之后，我们再去激励孩子提高标准，提醒他还有上升的空间。

◎**让孩子懂得自我负责。**要让孩子知道，将来想成为什么样的人，就必须有实际行动，比如，去阅读这类人写的著作，了解他们的成长过程，这能够帮助孩子明确目标和努力的方向，让他们知道该如何向着目标前进。如果想成为法布尔那样的昆虫学家，就要阅读法布尔的《昆虫记》，以及法布尔的个人传记。如阅读《小昆虫，大奇迹》，了解法布尔是如何研究昆虫的，为什么要研究昆虫。要鼓励孩子为自己的人生做好计划，并且要对计划负责。孩子为了目标能真正地自我约束了，就会努力去耕种自己的这块田，最后在这块田里有所收获。

◎**在日常生活中帮助孩子建立自我意识。**自我意识是非常重要的心理学观念，只有建立了自我意识，孩子才会认为很多事是自己的事。作为家长，我们平时在生活中就要帮助孩子建立自我意识，比如让孩子在旅游时自己拿箱子，平时自己的房间自己打扫等。孩子从小在生活方面不依赖家长，将来才会认为学习也是自己的事。

另外，家庭氛围对孩子自我意识的建立也很重要。如果家庭成员之间总是互相推脱责任，没有责任担当，孩子耳濡目染，就会认为学习不是自己的事，甚至会找理由，觉得自己学不好是其他人造成的。

孩子的自主性越早建立越好，让孩子从小知道要对学习负责，未来还要对工作和身边的人负责，慢慢地他就不会推脱责任，从而真正地建立自主意识，受益终身。

11

孩子自我要求高，做不到就崩溃大哭怎么办？

孩子对自我的要求比较高，说明他的自尊心强、有上进心，这也是很多人成长的动力。

大家都知道著名的球星迈克尔·乔丹，如果在球场上被对手羞辱，他会以无数的进球来反击。科比也是如此，自尊心受到伤害之后，他没有退缩，反而激发出自己内在的动力，在技术上表现得更全面、更突出。他们都是在用实力、技术来展示上进心。

同样因为上进心，大多数孩子与两位球星的做法相反，就是做不到的时候崩溃大哭。其实这种时候，孩子是在用情绪维护自己的上进心，通过发泄情绪来告诉周围的人，自己是有自尊的人，事情没有做好，自己很生气或者很苦恼。

实际上，“哭”是孩子向大人发出的一种求助信号。这时不建议大人批评孩子，但也不能百般安慰说“不要紧，我们不在乎”之类的话，孩子在乎的，也是我们应该在乎的。

那么，在孩子崩溃大哭的时候，我们该怎么做呢？

◎让孩子哭出来，释放情绪。不要让孩子“憋回去”，而是让他哭出来，同时要安慰他，比如给他递纸巾，拍拍他的后背，抚摸他的头，安抚他的情绪。等孩子冷静下来之后，我们再跟他聊一聊，问他到底为什么哭，向他表示我们知道他对结果不满意，我们也觉得很遗憾，或者感同身受。

◎帮助孩子分析结果令人不满意的原因。如果是对手太强，这很正常，因为不管是体育比赛还是学科考试，“强中自有强中手，能人背后有能人”。我们要做的是，告诉孩子怎样做才可以让自己变强，比如，想要在体育竞赛中变强，唯有踏实训练。像科比这样的球员，有时凌晨四点就已经在球场训练了。我们可以给孩子讲类似的故事，让他知道如果想在某个方面比别人优秀，就要通过行动来改变现状，而不是每次做不到的时候只会发泄情绪。

◎**家长要反思自己是否对孩子要求过高。**有时，孩子崩溃大哭的背后，可能有更深层的原因——家长的要求太高。孩子的上进心有时候是被家长激发出来的，但是他们的能力有限，做不到的时候只有崩溃大哭，甚至用摔东西来发泄情绪，好让家长知道难以达到自己的要求他们也很痛苦。如果家长认同了这种发泄，孩子下一次就很有可能还会这样做，那么真正的上进之路恰恰就这样被堵上了，所以家长对孩子要求太高，也是不可取的。

◎**正确引导孩子，行为改变，结果才能改变。**家长要做孩子的启蒙老师，告诉孩子，既然已经认识到结果是自己难以接受的，也分析了原因，接下来就要在行为上做出改变，行为改变了，结果才会改变。可以让孩子在每个学期开始的时候就定好期末的目标，比如想提高期末考试成绩，那就跟老师或者上一级的学生借本学期的期末试卷，或者从教辅用书中寻找和本区域考试类似的试卷，提前了解期末考试考什么、怎样考，做好充分准备。想要达到理想的成绩，确实需要付出比过去更多的努力。

需要注意的是，如果只注重考试结果，那所谓的上进心就容易演变成虚荣心。没有努力就想考第一，这就是虚荣心在作祟的表现之一。虚荣心对人是有害的，我们要善于区分孩子的上进心和虚荣心。

想真正让孩子上进，最重要的就是通过改变行为去影响结果，从而让孩子获得真正的成长。

第二章

如何帮助孩子提高学习能力?

12

孩子写作业拖拉磨蹭怎么办？

孩子写作业拖拉磨蹭是一个比较普遍的现象，很多家长对此感到非常焦虑。孩子为什么会拖拉磨蹭呢？因为如果不拖拉磨蹭，就会有更多的任务。这背后，可能跟家长有关系。

◎作为家长，我们要讲“游戏规则”。有些家长往往说话不太算数，容易违反规则，比如，本来规定孩子在半小时内完成家庭作业，但是孩子十五分钟就完成了，这时家长会觉得，孩子一定是学有余力的，于是会临时再给孩子增加几道题，或者让孩子再完成其他学习任务。这种情况不是我妄加揣测的，而是一些孩子向我反映的事实。有些孩子说，一开始他们写作业的效率很高，是后来才变得拖拉磨蹭的。孩子能够完成作业就已经很不容易了，我们就不要再加码了，否则孩子只能越来越拖拉磨蹭。

◎了解情况，及时介入，并提供帮助。如果孩子刚接触学习就拖拉磨蹭，那他一定是碰到了困难，要么是在课上无法理解老师教授的内容，要么是即便理解了也不会做题。这种情况下，我们要及时介入其中，看看孩子到底遇到了什么困难，并想办法帮助孩子，具体情况具体对待。比如，看到孩子迟迟不做作业时，我们可以通过问三个问题来梳理孩子的思路：老师要求做什么作业？这是明确作业的内容。作业应该怎么做？这是明确做作业的方法。现在不做是因为什么？这是明确作业的困难点。孩子在回答的过程中，如果明白该怎么做了，我们的任务就完成了；如果还不明白，我们可以和孩子一起商讨，争取让孩子自己弄明白。所有孩子在学习过程中都会碰到困难，我们要做的是教会孩子，而不是去指责孩子。越指责孩子，孩子越拖拉磨蹭。

◎**适当给予孩子奖励**。有的孩子写作业一向比较慢，写一会儿，玩一会儿，动不动就要喝水，总想找借口离开书桌。这是单纯的拖拉磨蹭，注意力分散，我们要及时采取措施帮助孩子，具体可以这么做：如果孩子在规定时间里完成作业，给予孩子一定的奖励，比如，孩子完成作业后，可以读自己喜欢的书，或者尝试一项新运动。我们应该让孩子认识到，如果能够快速完成作业，并且保证正确，他就有时间去做自己喜欢的事。

在孩子完成作业后，我们要及时给予孩子反馈。这是因为，无论什么样的孩子都很敏感，身为小学生的他们对自我的认知还没那么坚定，甚至大人的表情都会影响他们的心情。哪怕大人一句话没说，只是表情上表现出高兴，孩子也会得到情绪激励。这种正面的激励，是改善孩子拖拉磨蹭的一剂良方。

13

孩子做事慢半拍怎么办？

很多时候，不是孩子慢半拍，而是大人总快半拍，还没等孩子反应过来就已经开始埋怨他慢了。与大人不同，孩子的规划意识比较弱，往往不能提前做准备，孩子虽然尽力让自己跟上大人的节奏，但还是难免被大人嫌慢。不知大家发现没有，我们越埋怨孩子慢，孩子就越慢。

每个人都是从孩子长大的，只是身为大人的我们忘了自己曾经也是孩子。我们曾经吃饭慢，走路慢，穿衣慢，生活自理所需要的一切动作都慢，因为孩子的行为还处在学习期、成长期。而大人已经处在成熟期，当跟孩子相处的时候，大人就会觉得孩子一切动作都慢。那该怎么解决这个问题呢？

◎**家长应合理规划时间。**让孩子和大人赛跑，自然是不公平的。觉得孩子出门速度慢，收拾书包速度慢，鞋穿得慢，吃饭也慢吞吞，这也许是我们对时间规划不合理导致的。我们可能用十分钟就能吃完一顿饭，孩子虽然吃得少，但还处在成长期的他们可能十分钟根本吃不完，即便能吃完，也不利于他们的生长发育，那我们在做计划、做安排的时候，就要充分考虑到这一点，把孩子的时间规划好。

◎**家长要避免包办、代替。**其实，孩子慢半拍的直接原因是大人的包办、代替。只要慢，就有人替他做。既然大人出手了，孩子也乐享其成，索性不做了，长此以往，孩子在吃饭等行为的表现上就会越来越慢，行动能力也越来越差。

◎**家长要给予孩子正向激励。**在整个小学阶段，孩子都处在成长期，我们可以多给孩子一点可供他们自己支配的时间。如果孩子比平时速度快了一点，即便没达到预计的时间，我们也要表扬他今天动作很快，比上一次快了多少，用这样的正向激励不断鼓励孩子。我们要避免指责，不能质问孩子为什么慢、为什么磨蹭，这实际上是对一个人从情感到能力乃至各方面的整体否定。

为什么要把这个问题放在这样一个高度来说呢？因为它在中国太普遍了，几乎到处都能看到一个急匆匆的家长后面跟着一个慢吞吞的孩子。

在孩子做事慢半拍的背后，有很多问题需要我们深思。首先，我们不要追求快半拍，要考虑到孩子的身心发展水平。其次，孩子做事慢半拍，可能是通过行为上的拒绝来透露自己的心理需求，我们要做敏锐的家长，通过观察和对话来了解孩子是否碰到了困难。家长的埋怨没有任何作用，如果有作用，那只有反作用，孩子只会越来越否定自己。孩子越慢，家长越气；家长越气，孩子就越慢，这样，整个家庭的氛围会越来越糟糕。

我们要正视孩子出现的问题，并及时纠正，必要时可以求助专业人士。总之，要根据孩子的具体表现来确定我们到底应该怎么帮助孩子。

14

孩子总是不理解题意怎么办?

孩子读不懂题意，原因有很多种。可能是阅读理解有困难，导致无法正确理解题目的意思，也有可能是逻辑思维不够清晰，导致无法抓住问题的核心。通常来说，如果孩子读不懂数学、语文、英语这三科的题意，那么大部分原因是没有学会对应的知识。该怎么办呢?

◎让孩子“以教代学”，梳理课本知识。遇到困难就重新学，这是最好的办法，指责孩子毫无意义。以数学运算为例，不理解题意，就是没搞清这道题各个数之间的逻辑关系，不知道该用哪种运算来解答。这时，我们要从头帮助孩子梳理一下课本的内容，不是我们讲给孩子听，而是让孩子讲给我们听，可以从具体的题目分析开始，让孩子“以教代学”，说清楚这道题要考察的是什么。这样，孩子就会逐渐把握同类型题目的特点，掌握解题方法，之后就能读懂题意了。如果我们只是对着一道题给孩子讲，并不能从根源上帮助孩子解决问题。

◎**不要让孩子盲目“刷题”。**多“刷题”在一定程度上对孩子理解题意确实有帮助，因为会提升某种类型题目的熟悉度，从而降低孩子的心理防御程度。也就是说，孩子在心理上会觉得这一类型的题没那么难了。但是，“刷题”也要看孩子能否“刷”出“感觉”来，这种“感觉”就是顿悟，或者说是经验。有效的“刷题”要“刷”到这种程度——看到题就知道用什么方法解答。最令人担心的问题是，虽然“刷”了很多题，孩子却并没有获得这种顿悟，只是在心理上对做题不那么抵触了，对孩子来说，题目难度并没有降低。如果孩子自己盲目“刷题”，没有大人帮他对比归类，没有自我反思，那么“刷题”的意义是不大的。

“刷题”，并且进行自我反思，孩子才有可能顿悟出自己的解题思路。我们千万不要只追求“刷题”的数量，重要的是让题目的类型多样化。比如，我们给孩子买了五本不同题型的练习册，每一本里有十五道同类型的题，做完之后，孩子对解答这五种类型的题目基本上就有把握了，也就有信心去挑战下一个题型。如果让孩子每天陷在重复题型的题海之中，不管是孩子，还是家长，都只在心理上得到了极大满足，而实际上是在做无用功。

15

买了很多课外书，孩子不读怎么办？

很多家长在给孩子买书时，都是从自己的角度出发，认为孩子应该读哪些书就买哪些书，根本没跟孩子商量，没有考虑到孩子的意见和感受。

那家长为什么觉得自己的孩子应该读这些书呢？因为别的孩子在读，如果自己的孩子不读，就输在了起跑线上。其实这个理由是不成立的。每个孩子的起点不一样，各方面的发展也存在差异，自己的孩子读不同的书，同样可以成人成才，殊途同归。

那应该怎样解决孩子不读书的问题呢？

◎**选书一定要尊重孩子的意愿。**我们买书的时候要带着孩子一起，买什么书可以根据双方意愿分占不同的比例来决定，比如家长想让孩子读的书占30%，孩子自己想读的书占70%。不过也可能存在孩子自己选择的书买回去也不读的情况，这时不要埋怨孩子不读，可能孩子在买之前就已经读过了，买回去只不过是想把喜欢的东西带到家里随时翻阅而已。何况我们大人买了某些喜欢的东西，也不是天天捧在手里的，书也是这样，孩子在需要的时候就会去看。

◎**注重多样阅读。**在古代，读书人往往只读“四书五经”，一般不用再读其他的书籍，否则会被视为“异类”。如今，社会发生了巨大的变化，每个人在阅读时都有很大的选择余地，阅读的作品也更加丰富多样。正如鲁迅先生在《给颜黎民的信》中说：“只看一个人的著作，结果是不大好的：你就得不到多方面的优点。必须如蜜蜂一样，采过许多花，这才能酿出蜜来，倘若叮在一处，所得就非常有限，枯燥了。”每个人进入阅读的切口不一样，没有一本书适合所有人。能做到在合适的时间读合适的书，就能从阅读中受益。

◎**和孩子共读，帮助孩子攻克阅读困难。**其实，有些孩子是不会读书的，对他们来说，阅读某些类型的书是一种全新的挑战，充满困难，他们需要用一种全新的方式去读。这时，我们可以通过和孩子共读的方式来解决孩子遇到的困难。当孩子不会读、不愿读时，我们可以读给孩子听，慢慢地，孩子就能理解书中的内容，自己就会阅读同类的书。

◎**不戳穿孩子假装阅读的“小花招”。**有时我们会发现孩子在装模作样地读书，即便这样，我们也不要去点破。“看破不说破”是做家长的一大智慧。何况读书也要有仪式感，只要孩子捧着书在读，他就有可能真的被书中的内容所吸引，慢慢读进去。

解决了选书和不会阅读这两个问题之后，相信孩子就会慢慢爱上读书。

16

阅读影响语文成绩吗？孩子只读搞笑的书怎么办？

阅读会不会影响语文成绩呢？在我们心里，肯定默认是影响的。但这种影响并不是通常认为的在内容理解和词语运用上的影响，而是对思维方式的影响。阅读是思考的过程，具体而言，阅读会影响孩子的思维方式：一方面，孩子会学习书中人物的思维方式，遇到一件事，书中人是怎么想的，怎么做的；另一方面，孩子会学习作者的思维方式，作者是如何架构书中内容的，如何传递价值观念的。

如果孩子在阅读的时候看到了故事情节、人物特点，那对提升孩子的信息提取能力是有帮助的，语文考试中如果有提取信息的题目，孩子就会回答得比较好。不过，现在语文考试中的阅读题越来越注重考查学生的整合与解释、反思与评价的能力，因此，只有信息提取的能力对语文成绩的影响不大。

语文考试中的阅读题有一定的规律可循，孩子需经过多次训练才可能掌握。比如，概括主要内容时，可以从时间、地点、人物、事件这几个角度入手；谈对文中内容的感受时，先表明自己的观点，再陈述支持自己观点的理由。孩子多做阅读题，在不同类型的题目中体验不同的思维方式，慢慢就会总结出答题的要领，形成良好的阅读习惯，提高阅读能力。

阅读与语文考试成绩之间有一定的关联，想要通过自由阅读来解决语文成绩不好的问题，就需要发现这种关联。我们应该根据孩子的阅读水平，有意识地培养孩子在自由阅读时的信息提取、整合与解释、反思与评价的阅读能力，并且在做阅读题时，让孩子有意识地运用这些阅读能力，孩子的语文成绩才能够慢慢提高。

为什么有的孩子只喜欢读搞笑的书呢？答案其实很简单，因为这样的书读起来有趣，能从中获得快乐，所以愿意去读。而那些不搞笑的书大多读起来枯燥，甚至是孩子读不懂的，也就无法从中获得愉悦感。比如读《红楼梦》，即便有些孩子认识里面所有的字，但完全不理解故事情节，也读不懂里面对有关社会文化的深层思考，他怎么愿意去读呢？

其实，阅读是需要分类的。图书的分类多种多样，有学习类的、消遣娱乐类的、增加知识类的，还有旅游指南、菜谱这种实用类的。不同类别的图书，功能各不相同，我们要拓宽孩子阅读的种类，而不是否定孩子已有的阅读体验。如果我们禁止孩子阅读某一类书，很可能导致孩子拒绝阅读任何类型的书，这是不是得不偿失呢？

孩子阅读搞笑的书，最起码能开怀一笑，这种快乐也是从阅读中获得的，很可能成为孩子从此爱上阅读的最大动力。孩子能在搞笑类图书中获得最简单的乐趣，这跟现在短视频之所以流行是一个道理，它符合人的基本社会心理需求。所以，我们不能否定孩子作为一个普通人的基本社会心理需求，只能说作为一个学习者，他应该对自己有更高的要求。

要想改变孩子对单一的搞笑类书籍的阅读兴趣，首先，要让孩子对此类书进行“研究”。这种研究不是学术研究，而是找到感兴趣的点进行深入思考，比如，搞笑类的书是怎么抓住人的笑点的，并将自己的“研究发现”说给别人听。从单纯地看到笑点，到思考这些笑点的共同特点，再到总结出来说给别人听，这样，孩子就将单一的阅读变为了综合的思考与表达。**其次，要拓宽阅读的种类**，慢慢把孩子的阅读兴趣从搞笑图书迁移到与之相近的类别。**另外，在阅读的时候，也要突出思维的作用**，让孩子比较某类书与搞笑类书的异同，发现此类书的特点及阅读方法，从而让阅读对孩子的语文学习成绩产生好的影响。

17

如何培养孩子的逻辑思维能力？

提到逻辑思维能力，大家不要觉得它很高深。实际上，有顺序、有条理、有结构的思维，就是逻辑思维。那么，如何培养孩子的逻辑思维能力呢？

◎**逻辑要从日常生活中培养。**日常做家务时，大人一定要做逻辑的示范者，比如，包饺子时，不要等饺子全都包完了再点火烧水，而是根据经验提前烧水，等饺子包完了，水也开了，正好下饺子。这就是生活的逻辑。相信很多家长在这方面做得很好，但关键是要演示给孩子看，或者让孩子参与进来。

我们还可以通过讲故事的方式来训练孩子的逻辑。比如数学家华罗庚讲解统筹方法时，针对如何最有效地完成烧水泡茶的任务给出了几个办法[1]，我们可以让孩子来选择哪个办法最高效。

平时在跟孩子交流时，就要重视逻辑上的合理性。很多孩子在讲故事时，讲了好几分钟，我们也不知道他的重点在哪，想表达什么。这时我们就要帮孩子梳理逻辑，因为讲故事本身就是逻辑思维训练的过程。需要注意的是，一定要等孩子讲完再去帮他梳理，而不要在中间打断他。

◎多向“老师”学习逻辑表达。每个人说话、做事都有自己的一套逻辑，所以千万不要试图只通过自己去培养孩子的逻辑，一定要多让孩子请教“老师”——阅

---

[1] 办法甲：洗好水壶，灌上凉水后放在火上等待水开。在等待的过程中，可以同时洗茶杯、拿茶叶。一旦水开，即可泡茶。办法乙：先洗好水壶和茶具，准备好茶叶，然后开始烧水。当水烧开时，可以立即泡茶。办法丙：洗净水壶并灌上凉水后放在火上等待水开，水开后急急忙忙找茶叶和洗茶具，然后泡茶。

读。书本背后的每一位作者都是我们的老师。比如，作者在书中对人物关系的设定，就是一种逻辑表达。培养孩子逻辑思维的最好的方法之一就是阅读，因为阅读是理解符号的过程，能够很好地促进逻辑思维和抽象思维的发展。

我们还可以让孩子学习人工智能的思维方式——数据思维。数据思维是用思维模型处理海量的数据，然后生成一个作品。当孩子使用人工智能软件学习时，就可以揣摩人工智能的思维方式。比如，孩子在写作时不会写花，通过人工智能搜索可以快速获得多种写花的范文，让孩子对各种写法进行归类，思考各种写法的特点是什么，自己可以从中学到什么。孩子经过这样的行动和思考，就会慢慢建立自己的思维结构，形成自己的逻辑。

◎逻辑不是别人给的，需要自己建立。如果一个孩子建立了自己的逻辑，那么他做事和学习都会更有条理。我们要鼓励孩子根据需要自己去寻求答案来建立、完善自己的逻辑。一旦孩子养成了自己思考、自己解决问题的习惯和能力，逻辑思维也就在不知不觉中提升了。比如，当孩子觉得无法和大人沟通时，他既可以向别人求教，也可以看书，看看那些亲子关系特别好的家庭，孩子是如何跟大人沟通的。通过与他人的沟通和阅读，孩子不但解决了现实问题，也学到了如何建立做事的逻辑，自己的生活也会变得从容。

逻辑思维会表现在说话方式上，也会表现在行为方式上。其实，每个孩子都有自己思考、表达和做事的逻辑，只是有时候可能和大人的逻辑不一样而已。因此，我们不能因为孩子的逻辑和大人的逻辑不符，就加以否定，而是要多认同孩子的逻辑，从中发现孩子思维的合理性，从而不断鼓励孩子提高其逻辑思维能力。

18

如何提高孩子的专注力？

专注力，是指持久从事某项任务的能力。一般来说，孩子对自己感兴趣的事物都会有较强的专注力。当某个事物让他产生兴趣时，他就能深入其中，一方面是深度参与，另一方面则是形成深度思维。

随着孩子年龄的增长和自控力的增强，他的专注力也会随之增强。实际上，孩子只要能深度参与到某件事中，他的专注力就会比原来增加好几倍，可能半小时过去了，他都没有察觉出来。

不过，很多家庭现在面临的情况是，孩子不具备深度思维的能力，无法深度参与学习。那么该如何提高孩子的专注力呢？

◎**孩子专注的时候，不要去打扰。**在孩子专注于某件事时，我们不要去提醒他喝水、去洗手间，或者该吃点东西了。

◎**善于捕捉孩子的专注时刻。**孩子很多时候都是专注的，我们要善于发现孩子的专注时刻，帮助孩子把玩玩具时的专注力转移到学科学习上来。

当发现孩子专注于做某件事时，我们可以拍下视频或照片，然后拿给孩子看，在得到孩子的允许后，我们还可以把照片洗出来贴在家里的墙上，为孩子建立一个宣传栏，让孩子知道，我们是认可他的。孩子其实不太清楚大人心里在想什么，如果我们形象地表达出来，他们就会知道，原来按照这样的标准坚持去做，就能得到大人的认可，从而促使他们以后做任何事都能保持良好的专注力。

◎**及时给予反馈，提高孩子深度参与的积极性。**有些孩子玩游戏时很专注，但是一到学习时就不专注了。

这是因为，对他们来说，玩游戏时自己操控着一切，能深度参与，进行深度思维，思考怎么通关。但学习的时候，如果孩子自己没有思维上的参与感，往往也得不到正向的反馈，如此一来，他们就会觉得学习枯燥无味，无法专注学习。因此，我们要向游戏学习，及时反馈孩子的学习情况，让孩子能够深度参与，逐渐变得专注。

◎在家庭里，如果学习的形式丰富多样，孩子深度参与的自主性就会增强，也就会更专注。比如，我们可以准备一些字卡，和孩子玩添减笔画小游戏。我们先给孩子示范，比如“木”字添一笔是“本”字，孩子看懂后就可以自己去做添减笔画的字卡，然后跟大人一起玩，这就是主动学习。从选择汉字，到设计规则，再到把规则讲给大人听，孩子既认识了字，也练习了写字，还做了手工。这样全方位参与其中，孩子自然就能专注了。

不管是行为上，还是思维上，如果都能深度参与，那么没有人会不专注。只要我们给予孩子足够的参与空间，相信每个孩子在学习上都能更自主、更专注。

19

如何发现孩子的天赋？

很多家长都想知道如何发现孩子的天赋，尤其是在给孩子选择兴趣班之前。因为他们非常希望能让孩子的天赋和兴趣以及未来的学业路径贯穿在一起，而且，根据孩子的天赋精准地选择兴趣班，孩子也能坚持下去。

其实，所谓天赋有两个衡量标准：第一，在同等的时间里，比别人做得好。第二，产出同样的成果，比别人用时少。

达到以上这两个标准，基本上就可以判定孩子在某一方面是有天赋的。

想要发现孩子的天赋，还是要靠孩子最好的启蒙老师——家长。作为家长，我们要主动承担起启蒙老师的职责。平时，我们要多观察孩子，多跟孩子聊天，成为客观的观察者和陪伴者。同时，也要把孩子放到孩子们中间去观察。很多家长对自家孩子的评价过于主观臆断，认为自己家的孩子做一切事情都是天下第一，然而一旦把孩子放在人群里，与普通人并无区别。

天赋的发现是一个长期的过程，孩子的天赋可能随着年龄的增长逐渐显现。因此，家长需要保持开放心态，持续关注和支持孩子的成长过程，给予孩子时间和空间去探索和发展自己的兴趣与能力。

需要注意的是，有时候孩子的成长发育情况可能与其他孩子不一样，虽然此时他可能比同龄的孩子在某一方面有特长，但是如果不继续学习，那么这一“特长”以后也不会有太大发展，正如众所周知的故事《伤仲永》，天资聪颖的仲永长大后还是“泯然众人矣”。

天赋只是起点，有天赋只能证明孩子这方面的学习能力比别人强一些，如果想要让天赋真正成为自己的本领，还是要刻意练习。所谓刻意练习，就是有意识、有目的地去练习、训练，这样才能让天赋持久地发挥作用。

其实，每个孩子最重要的行动就是持之以恒，能够终身学习的孩子一定会与众不同。

第三章

如何帮助孩子养成良好的学习习惯?

20

孩子偏科严重怎么办?

根据美国教育家、心理学家霍华德·加德纳的多元智能理论，人肯定是会偏科的。所谓偏科，其实就是倾向于哪种思维方式，这可能是由基因决定的，也可能是由家庭氛围决定的。孩子偏科，实际上是他在偏向的这门学科里看到了自己优秀的样子，所以他就更愿意学习这门学科，在其中投入的时间、精力、情感也就越多。

偏科是普遍存在的，不需要回避。我们要注意的是，不是说孩子偏爱语文，我们就不让他学语文，而让他去学数学。我们要做的，就是均衡孩子的各科成绩，这不论是对孩子的升学考试，还是对孩子的个人发展，如知识结构构建、个人认知提升，都有好处，那具体应该怎么做呢？

◎**让孩子总结自己偏向的那门课为什么学得好。**通过孩子的总结，我们一定要给孩子建立这样一种意识：在一门学科上投入的时间和精力比较多，这门学科就会学得比其他学科好。对于学得不好的学科，孩子可以多花一些时间精力在这门学科上，成绩也会有所进步。

◎**帮助孩子掌握良好的学习结构。**从更深层次来说，偏科比较严重的孩子，实际上还没有掌握学习的结构。学习是有结构的，不管是哪个学科的学习，都大概遵循这个学习结构。比如，在学习之前要预习，看看哪些地方不太容易理解，等到跟老师学习、跟同学讨论的时候，重点关注这些地方，孩子就会学得比较好。学完之后还要复习，正所谓“温故而知新”。所以说，**一个好的学习结构就是预习、共同学习和个体复习融合在一起的。**我们要帮助孩子掌握这样的学习结构。

◎**让孩子成为自己的老师。**可能某门学科的老师对孩子的关注比较少，也可能是老师上课的方式孩子不太容易接受，所以孩子就不太喜欢这门学科，导致偏科。这时我们可以让孩子自己讲一讲这门学科，比如，数学课上都学什么内容，老师是怎么教大家学习的。孩子往往能够模仿各个学科老师上课的情形，家长可以有意识地让孩子做“小老师”，让他们隔一段时间模仿老师来给家长讲一讲学习的内容，帮助孩子对这门学科树立起信心，从而解决孩子过度依赖老师的问题。

目前，教学领域都在提“可见的学习”，可见的学习分两个角度：第一，老师要认识到初学者的困难，站在学生的角度去理解学生，第一次学习某个知识时有什么困难，有哪里不理解，做到心中有数——其实，家长在某种程度上也是老师的角色。第二，学生要能成为教自己的老师，要能自己分析某个知识点学不会的原因到底是什么，某个知识点很容易就学会的原因又是什么。作为学生，要不断去反思，这一点尤为重要。

◎**家长要学会做专业的学生，好好听孩子讲。**孩子偏科，主要是因为他们没有学会用学科的思维方法来解决问题。我们在让孩子当“小老师”上课时，要认真对待，“学生”若听不懂就问，甚至是更多地追问，这样就会让孩子有更多的思考，孩子总会试着去搜索脑中储存的知识，慢慢地，他的思维就打开了。

偏科是需要正视的现实，主要应从思维方式上进行改变，可以借用优势学科的思维方式解决薄弱学科的难题。此外，孩子也可以想象，如果站在老师的角度会怎么讲。当然，家长和孩子一起投入更多的时间和精力也是必不可少的。

21

帮孩子制订了计划，孩子不按计划执行怎么办？

这种情况经常会出现，所以在制订计划的时候，大家要理性一点，在时间安排上要留有空间，不要太死板。**这个计划，一定得是我们和孩子共同制订的，这样孩子才能够认同，计划执行起来也会更顺利。**

如果是孩子认同的计划，但他依然不去执行，该怎么办？

◎**理性旁观，不指责。**这个时候，家长不宜直接站出来指责、批评孩子，而要先看看孩子没有按计划执行的根本原因是什么。

◎**反思计划是否合理。**接下来我们要做的是让孩子明白他做这个计划的目的是什么，用时和学习量是否匹配或需要调整，并帮助孩子解决执行计划时遇到的具体困难。

这里所说的“解决”，不是包办、代替，而是适当地提供物质支持或给予精神鼓励，比如，给孩子提供阅读的书籍、运动的场地和暖心的加油打气等。

◎**帮助孩子去执行计划，让孩子看到收获。**做完学科的学习计划后，我们要帮孩子每日“三省吾身”，让孩子反思自己今天学了什么，怎么学的，是否在计划时间内完成了各科作业，让孩子看到坚持执行计划就会有收获。

◎**做计划也是在做准备。**如果做好了充分的准备，孩子就很容易去执行计划。孩子做计划其实也是在做研究，他要知道自己完成某件事应该有哪些步骤，需要什么样的支持，如果这些准备工作做不好，计划就难以顺利完成。有时候，他甚至需要去查阅资料，或准备场地、器材。比如，想要跳绳，就要先把跳绳准备好，再想好合适的场地，否则计划就没有办法顺利完成。

很多家长所谓的计划，其实只包含了时间、地点、事件，而没有程序、材料、工具、标准等，这样的计划不是合理的计划。孩子有时候想不到计划中的一些困难，我们就要给他一些提示，或者给他一些计划的样本，让他去评估自己的计划是否合理。不能因为孩子头脑一热想做什么，我们就由着他去做什么，或是帮他做计划。在制订计划时，孩子只有充分考虑时间、程序、材料、工具、场地、人员等各种条件，才会做出一个比较合理的计划。计划越合理，孩子自然就越容易去执行。

作为家长，我们在这个过程中最重要的是保持灵活性和耐心，鼓励孩子在制订和执行计划的过程中建立自律和责任感，使他们在未来能够更好地独立规划和完成任务。

22

孩子用来学习的时间挺多，但效果不明显，怎么办?

有很多孩子存在这样的问题，每天的大部分时间都花在了写作业和学科学习上，但是考试成绩并不理想，自己也没有觉得有所成长，依然是云里雾里的，怎么办呢?

简单来说，我们要明白学习的本质是探究，具体到学科里，就是除了做练习题，还要研究做题思路。思路是指思考的条理脉络，通俗的解释就是从问题出发到问题解决的整个过程。不同的题目有不同的解题思路，把题目进行分类后，梳理总结同类题目的解题方法，就会形成类型化的思路，即做什么类型的题应该用什么样的思路。当遇到新题目的时候，孩子能够识别出是哪种类型的题目，并且尝试运用此类型题目的解答思路去解题，效率就会提高。

效率就是单位时间里所获取的收益。收益有两种表现，第一种是表面收获或浅层收获，比如，在十分钟内，孩子写了三百个字。第二种是内在收获，即孩子投入了时间成本后，在思维发展上获得了提升，或者有了新的思维角度。提高内在收获，才是提高效率的本质，而不是投入的时间长，也不是完成的工作量大。具体来说，想要提高孩子的学习效率，我们可以这么做：

◎每天引导孩子反思。孩子做完题之后要留出三分钟时间，思考做完这些题到底有什么收获。如果只是“明天可以交作业了”这种表层收获，那就要引导孩子去思考深层收获是什么。因为孩子以前从来没这样想过，所以一开始可能什么也说不出来，我们要多给他一点时间让他思考，可以给他提供“我做了什么，我为什么这样做，我做的效果怎么样”这样的思考句式，这就是提高效率的思考方法。不过，并不一定要说出来，可以让孩子写出来。

◎**让孩子每个星期总结收获。**在前面每天进行反思的基础上，我们还要让孩子进行思维上的“周总结”，比如，孩子这个星期内五天都写了作业，并且口头上或者书面上都进行了当日的反思，那就再请他用同样的句式总结这一个星期自己做了什么，为什么这样做，做的效果怎么样。让孩子反思学习过程，这样他就能及时查找学习漏洞，提高学习效率。

大家要抓住学习“探究”的本质，让孩子在思考的过程中学会探究，不断提高孩子的探究能力，这样才能真正提高效率。有的家长经常说孩子不爱动脑子，其实，这样的孩子更应该从提高思维能力这个角度来提高学习效率。想要启发孩子的思维，打开思维的闸门非常重要，我们不要强行要求孩子做什么，而是让他有意识地想“我做了什么？”“我为什么这样做？”“我做的效果怎么样？”这样的话，孩子就知道该如何动脑了。从问题根源去思考，撬动孩子的思维，慢慢地，孩子就会主动去探索知识，学习效率自然就会提高。

23

教给孩子好的学习方法，孩子不愿去试，怎么办？

这里说的“好的学习方法”，一般是家长自己实践成功后体悟、总结的方法，是家长的价值判断。但是现在时代不同了，考试方式也由以前的复现式变成了素养能力式，我们的那些方法可能已经不合时宜了，所以，孩子才会拒绝我们所谓的“好的学习方法”。

我们不是要“告诉”孩子好的方法，而是帮助孩子找到适合自己的好方法，并“运用”好它。比如，我们可能会告诉孩子每天记录生活点滴的方法：用一个词语、一句话、一幅图来记录一天的经历或感受。孩子如果不愿意使用这样的方法，除了觉得麻烦，也可能是因为处于我们的监督之下，而我们经常会给出“不恰当的评判”或者“语重心长的教导”，让孩子没有安全感。真的想教会孩子使用这个方法，我们需要把握好表达的尺度，适当关注与鼓励孩子，给孩子更大的自由，认同孩子各种奇思妙想的表达，而不妄加评判。

我们也可以和孩子一起使用这样的方法来记录自己的生活，让孩子看到我们的想法，和孩子互动交流。时间长了，孩子就会觉得使用这样的方法记录生活很有趣，“用户体验”良好，并坚持用下去。这时，这种方法对孩子来说才叫好的学习方法。

其实，方法不在多，而在于精。所谓方法论，就是在什么情况下用什么方法，所以家长千万不要给孩子介绍五花八门的学习方法。

一般来说，学习方法可以分为两类。第一类是记的方法。包括记别人讲的，记自己反思的，也包括在阅读过程中做批注，这些批注里更多是孩子对作品的感悟和理解。第二类是说或写的方法。即把自己学到了什么、是怎样学到的，讲给别人听，或者把学习的收获写到纸上，张贴在家里显眼的位置，其他家庭成员听后、看后可以说说感受，或者提出建议，这样，就能够形成良好的互动。实际上，孩子做这些就是把思维和表达融合在一起，能够更深入地理解学习的本质。

好的方法因人而异，而且随着时代的变迁，过去好的方法，未必适合现代孩子的学习。所以我们要跟孩子共同探讨，一起体验某个方法的优缺点，这样孩子才能建立起自己的方法论，未来在学习中，他才能真正地运用这些方法。

24

孩子平时做练习正确率高，但考得差，怎么办？

很多孩子都存在这个问题，我们可以从以下几个方面分析、解决：

◎**心理素质原因。**有的孩子在考试时经常会临场发挥不好，导致考试成绩很差，这可能是心理压力太大造成的。对于这种情况，我们要在考试之前或者平时就给孩子做好心理疏导，告诉孩子“不以分数论英雄”，帮孩子解除思想包袱，放松心态。

当然，我们也要激励孩子，让孩子反思自己在考试时是哪里出了问题，为什么出现问题。同时告诉孩子，最重要的是要知道自己到底学会了没有。当孩子的心态能做出调整、改变之后，他未来的成绩可能就会有所提升。

◎**考试内容和平时练习的内容有差别。**平时做练习正确率高，考试成绩就好，这其实是大家的基本假设。平时的练习基本上是在规定范围之内的，比如，学完某个单元之后做相应的练习，这些练习与课本内容有较为明确的联系，孩子有时直接套用本单元的方法就可以解题。但是，考试考查的范围比较大，如果没有真正学会考试范围之内的内容，当孩子面对一些比较难的题目时，就很难解答了。比如，考试题目既涉及第二单元，又关系到第六单元，假如平时仅训练了个别单元的内容，就没法直接套用，导致不会灵活使用多种思路，最终影响考试成绩。

对于这种情况，我们要注意具体分析，看看考试的题目和平时练习的题目的对应度高不高。如果和平时练习的差不多，孩子考的成绩还是低了，那可能是偶尔的发挥失常，不用太当一回事；如果是和平时练习的差异比较大而导致成绩低，就说明孩子对所学内容的综合运用能力不强，还不能融会贯通。这时，孩子就需要多做综合类题目，不要局限于某个知识点的单项练习，这样，孩子对知识点之间的联系就会比较清晰，运用知识解决问题的时候也能从多个方面思考。

◎**学习氛围发生了变化。**平时在做练习的时候，不管是在学校，还是在家里，都是孩子比较熟悉的环境。但是到了考场上，陌生的环境、陌生的老师、群体压力，都可能会让孩子觉得不适应，从而导致孩子临场发挥失常，考试成绩不理想。

对于这种情况，我们可以锻炼孩子不去关注外在环境的能力，进入考场后先静下来做好准备，回忆本学科学习的内容，从头至尾把精力放在要考的内容上。我们还可以让孩子多在不同的场景下进行考场适应训练，比如去亲戚朋友家或者书店、图书馆等公共场所。

对孩子而言，考试是一种心理素质和学习能力的双重挑战，应对这种挑战，需要不断提升综合运用能力，并多多进行适应训练。

25

孩子总是忘记带东西怎么办？

有的孩子确实容易丢三落四，但是自己喜欢的东西永远丢不了。就像孩子去别人家做客，别人送给他一个他特别喜欢的东西，临走的时候他一定不会忘记拿。忘记带东西，说明这个东西在孩子心中不重要。

我们要看孩子忘记带的是什么东西，具体情况具体分析。

◎忘记带书包等学习用品，说明孩子在学习上可能遇到了困难。一般来说，忘记学习用品，可能是因为孩子对学习这件事本身有一定的抗拒心理。这时，我们要去观察孩子为什么对学习失去了信心，并跟孩子及时交流。探究忘记东西背后的深层次原因，才是最重要的。如果孩子不是在抗拒学习，那就跟孩子的习惯有关系。

◎只是单纯地忘带东西，出门之前做好检查即可。每个孩子的性格不一样，而性格往往是由习惯决定的，习惯又和儿童的重复行为有关，因此，这就需要让孩子进行多次练习，养成提前检查的习惯。比如，在上学的前一晚，就让孩子检查书包，看所需物品是否已经齐备。平时去旅游、去书店等地方，也让孩子想一想都要带什么东西，提前做好准备。我们要把去的地方场景化和具象化，让孩子做到心中有数，知道为了完成某项任务需要准备哪些东西，从而养成条理化思维的习惯。

◎家长要反思平时是否替孩子做了太多。当然，有时候孩子也会忘记带对他很重要的东西，这可能是因为我们平时代替孩子做了很多事，比如送孩子上学时觉得孩子背着沉重的书包很辛苦，我们就替孩子背着。时间久了，孩子就认为书包不属于他，起码在上学路上不属于他。当某个东西不属于孩子的时候，他就会经常忘掉。

想要在这个问题上有所改进，就要训练孩子的思维习惯和行为习惯，并做出改变。比如第二天要去上学，那前一天晚上我们就要提醒孩子把东西准备好，是否穿校服，红领巾怎么放，书包里的东西怎么整理。出去旅行时，让孩子自己打包行李，把要带的东西分装在小包里，并在上面贴上物品清单，再把这些小包放入行李箱。这些事可能一开始需要我们来教，但慢慢孩子自己就能做好。

总而言之，如果孩子经常忘记带东西，我们首先要判断孩子在心里对这个东西是拒绝的还是接受的，如果是接受的东西还会忘记的话，就要通过练习去改变他的思维习惯和行为习惯。对小学生来说，思维习惯和行为习惯都是可以培养的。

26

如何提高孩子收拾书包的速度？

收拾书包的速度慢，是很多小学生都会遇到的问题，这实际上是孩子不会分类导致的，属于思维方式问题。

可以说，分类是逻辑思维的起点，如果不会分类，那什么都整理不好。现在，分类收纳已经成为一种专业，出现了收纳师这样的新职业。收纳不仅是为了清理空间，更是为了让生活便捷、有条理，让我们知道每个物品放在什么位置。要提高收拾书包的速度，关键就是知道把什么东西放在什么地方。

现在书包的功能比较多，分区也比较明显，文具盒、书本、练习册都有固定的位置，这时怎么提高收拾书包的速度？首先在桌面上就要把学习用品分好类，比如课本、作业本放桌角，文具收进文具盒里，这三类都放好后，后面只需要很短的时间就可以把它们放在书包里相应的位置，这样取用的时候也方便找到。

有的孩子为了提高收拾书包的速度，会一下子把所有的学习用品都放进去。这么做虽然提升了速度，但是物品摆放没有门类，等需要去找某个物品的时候就变得非常费时。所以我们需要注意的是，**提高收拾书包的速度，归根结底追求的是在分类的前提下拿取学习用品的效率。**在家里，我们和孩子可以经常做这样的练习，比赛谁能把某样东西快速放到某个地方去，以此训练分类能力。

训练孩子收拾书包的速度，其实训练的就是收纳思维。我们可以通过整理家里的物品来训练这种思维。整理训练不同于做家务、劳动这么简单，其本质上是一种思维练习。这种思维练习，说得浅一点叫条理性练习，说得深一点叫逻辑性练习。练习逻辑性思维，能让孩子的思维更有结构：从程序上来说，是有顺序，先想什么，再想什么；从内容上来说，是有条理，什么情况下可以怎么做。思维具有了逻辑性，我们在遇到新的情况时，也就不至于措手不及、束手无策。

具备了整理的能力、收纳的能力，孩子收拾书包时自然会做好分区、分类，收拾的速度必然会加快。从小学开始，我们就可以让孩子用这种可见的方式来训练思维和逻辑。

27

纠正孩子写作业的姿势总没成效怎么办?

很多孩子都存在写作业姿势不端正的问题，学校在纠正，家里也在纠正，比如使用矫正仪器或家长的“当头棒喝”。这两种方法对有些孩子有用，对有些孩子没用。

其实，身体姿态传递的是精神状态。如果自我要求比较高，孩子就会坐得很端正，因为他想表达积极向上的态度。如果孩子写作业的坐姿不好，就说明他对作业是抗拒的、无奈的，所以他选择用趴着或侧着的姿态来表达反抗，久而久之就会形成一种不良坐姿。

这时，我们需要给孩子的心灵松绑，让孩子意识到作业不是负担，它只不过是一项需要完成的学习任务，完成它能够巩固学到的知识，自己的能力也能得到提高。我们要做心理医生，教孩子怎么调整自己的心理状态，然后反映在他的身体姿态上，而不是去评判、指责孩子的一切言行。

身体姿势问题，说到底还是孩子的自我意识问题。孩子不认为身体姿势不正确会给自己带来不利影响。他们现在还没意识到这样的姿势可能会导致脊柱变形，影响身体发育。想要让孩子建立正确的自我意识，需要找到正确的切入角度，比如可以从美的角度来尝试。我们可以告诉孩子，身体姿态是一种表达，外部的形态可以证明内心的状态。现在，不管是男孩还是女孩，都有比较强烈的向美之心。我们经常看到这样的短视频，有一些驼背的孩子经过训练以后变得挺拔，整个人的气质都得到了改变。我们可以让孩子看看这种视频，给他一些激励。

另外，我们的口头提醒也很重要。成长需要被提醒，但是要适度，过于唠叨不可取。相信总有一天，孩子会意识到身体姿态的重要性。

这个世界上很少有立竿见影的效果，很多事情都需要循序渐进，所以我们也不用太焦虑，只要多多尝试，一定能够解决孩子写作业姿势不端正的问题。

28

孩子上六年级，还能养成好的学习习惯吗?

不管什么时候，习惯都是可以重新养成的。我们都听过 21 天法则，通过 21 天的正确重复练习，就能养成一个好习惯。也就是说，在一个相对持久的时间段，我们就能做出一些改变，孩子也不例外。所以，六年级的孩子想要养成好习惯，为时不晚。

那么，好的学习习惯是指什么呢？我们这本书贯穿着这样一个思想——“凡学习必思考，凡思考必表达”，也就是说，学习就要思考，思考后还要把成果表达出来。想要帮助孩子慢慢养成这样的学习习惯，具体来说，可以从外部环境和自我内心两个方面入手。

◎从外部环境来说，就是家长的支持和家庭氛围的营造。家长要相信孩子的学习能力，家庭中要给孩子提供能自由表达的空间，允许孩子以自己的方式与家长平等交流。当孩子跟我们说出真实想法的时候，即使不认同，我们也要从孩子的角度进行分析，而不是全盘否定。

我们还可以支持孩子记录学习成果。比如，帮助孩子把他讲解一本书的过程、实验过程、音乐或美术等作品录制下来，以此来展示他的学习过程和学习反思。需要注意的是，我们不能代替孩子制作视频的内容，脚本编写、录制方式等都要由孩子来负责，让他成为自己作品的导演，把控整个过程。我们可以在一旁提供帮助，比如布置环境、辅助录像等。

◎从自我内心而言，就是让孩子对自己有清晰的认知。我们可以让孩子给自己绘制一份学习地图，明确自己的哪些学科是优势学科，哪些学科是薄弱学科。有了学习地图之后，还要有“进军路线图”，即孩子把自己擅长的学习方法列出来，明确这些方法可以用来学习哪些学科，从而做到游刃有余。

希望大家能在某些阶段、某种契机之下，帮助孩子建立新的、更好的学习习惯，什么时候都不算晚。

29

孩子总是先玩够了才写作业怎么办?

我们应该先来界定一下“玩”的种类。有的“玩”可以算作有目的的训练，比如打球、踢球等，孩子用这样的方式能缓解学习压力，玩完后回家再写作业可能就比较投入了。有的“玩”是没有目的地瞎跑瞎闹，然后一身疲惫地回到家再去写作业，这时，孩子可能已经根本没有精力写作业了。这两种“玩”是有区别的，并不是除了写作业，其他都是玩，这样划分太过笼统。但如果是纯粹的瞎玩瞎闹，最好是放在写完作业之后。

那么，具体该怎么解决孩子总是先玩够了再写作业的问题呢？

◎让孩子体验“先玩后写”和“先写后玩”的区别。家长要和孩子协商好，比如今天先玩后写，明天先写后玩。相信 80% 的孩子都会体验到，写完作业再去玩是真正的身心放松。而没写作业的情况下先玩，自己的心里或多或少都会有些压力，玩的时候会时不时地想到作业还没写，玩得也不够投入。在真正体验过这种心情之后，孩子就会自己判断哪个顺序比较好。

◎找到孩子“先玩后写”的根本原因，提供帮助。有的孩子不拖到没有办法的时候，是不会去写作业的。深究其根本原因，其实是在回避写作业这件令他痛苦的事情。虽然玩会耗费体力、精力和时间，但孩子收获了快乐，而写作业很难让他获得这种快乐。这时，我们除了不给孩子增加额外的作业量，规定作业完成的时间，还要给孩子一些实质性的支持和帮助。

比如在孩子玩的时候，我们先看看孩子有哪些作业，预判一下困难点可能会出现在什么地方，在孩子玩完回来之后，我们用几分钟时间和他沟通，根据作业的难易程度来建议做作业的先后顺序，比较简单的、能快速完成的先做，比较难的后做，帮孩子做好规划。孩子可以根据他们的理解进行选择，按照规划写作业，效率会更高一些。

孩子最后才写作业，还有可能是他根本不会做，这就涉及孩子课上是否学会、是否理解的问题。如果孩子每天的作业都不会做，我们一定要和老师沟通，听听老师的专业建议，让老师知道我们对孩子的学习是比较关心的，希望老师多关注孩子在校的学习表现。家长和老师能够保持良好的沟通，在解决孩子的学习问题时也就更有针对性。

第四章

如何更好地支持和陪伴孩子学习?

30

陪伴孩子学习时有哪些“禁忌”？

有时候，大人总是会有意无意地干涉孩子，所以在陪伴孩子学习的时候，“禁忌”还是比较多的。

◎第一个禁忌，是包办。所谓包办，就是孩子的一切都由我们来做。其实不难发现，现实中有一些孩子不会系鞋带、不会穿衣服，甚至不会很好地吃饭，这就是因为孩子从小就不用自己去做这些，都是家长包办的。当孩子做作业遇到困难时也一样，有的父母觉得，给孩子怎么讲也讲不通，干脆就自己做了。这种“包办”背后，是我们的角色发生了偏差，没有站好自己的岗。我们的工作不是代替孩子成长，因为成长是无法代替的，孩子自己的事情只能他自己去做。

◎**第二个禁忌，是命令。**命令，就是给出一个专制的答案，来代替学习最本质的东西——探究。我们来说，孩子来写，孩子只是我们的一只手、一个工具。这样，孩子看似是自己完成了学业任务，实际上都是家长在代替他探究，这对孩子的成长造成了非常大的阻碍。

◎**第三个禁忌，是催促。**这一点其实在家庭里是比较常见的。孩子在学习新东西的时候会遇到困难，如果我们一直催，他的心里会很烦躁，从而导致他没有一个合适的、安全的心理空间或者物理空间去思考，进而在心理上觉得“我很弱”“我很差”，要不然爸爸妈妈为什么会催呢？可能很多时候我们也不知道用什么速度比较合适，只是一味觉得孩子比较慢，需要催促而已。

◎**第四个禁忌，是指责。**指责，就是说孩子这样做不对，那样做也不对，但是到底怎么做才对，我们却强调得很少。孩子做得好的地方我们也都看不到，或者说，我们不会去放大他的“好”。其实，当我们能告诉孩子他哪里做得好，比如做作业比较快，坐姿比较端正，书写比较认真，而不是过多地去指责他，我们才是更有智慧的家长。

◎**第五个禁忌，是定性。**一直批评孩子做错了，因为这个“错”而认为孩子在某方面有缺陷，这就是定性。如果孩子身边有这样的大人，孩子可能会因此感到懊恼。在学习时，孩子是有自我调试区间的，他今天这样尝试，明天那样尝试，慢慢地，经验会告诉他怎么做更好，怎么做就会出问题。如果家长总是给孩子定性，认为孩子不行，那么孩子会变得难以积极面对学习。

对孩子来说，家庭应该是能让他有时间、有空间去改变自己的状态或者水平的场所，是可以让他“查漏补缺”的训练场。一旦我们的批评和定性变多，这个训练场就成了比学校和考场更严肃的场所，这时，孩子就会无处可躲。

在面对孩子时，我们应该成为“一对一”的私教，能够根据孩子的情况，对他进行调整和引导。在陪伴孩子学习的过程中，我们还是尽量不要去触碰这些“禁忌”，因为这些“禁忌”对孩子的学习态度、学习能力、学习习惯都是有害无益的。**我们要力争做对孩子有益的、有利的家长，在态度上支持孩子，在能力上帮助孩子，在结果上认可孩子。**

31

如何为孩子营造适合学习的环境？

其实很多家庭都在努力营造适合孩子学习的环境，这样的环境通常可以分为三个部分：

◎**硬件，也就是家里的布置。**孩子至少要有一张比较舒适的书桌和一把比较舒适的椅子，这样的硬件设施能够让孩子在学习的时候更加自如。

◎**氛围。不让孩子处在经常有人来往的半暴露或者半封闭的环境，氛围上要保持相对安静。**现实中，很多家长都会让孩子在充满家庭活动或社交干扰的环境中学习，这是不太合适的。孩子需要一个安静的、没有外界干扰的学习空间，以便更好地集中精力。过多的家庭活动或社交活动会让孩子难以保持专注，学习效率和效果也会受到影响。

◎**人。这比前两者都更重要。**所谓“人的环境”，就是指作为家长的我们，不要一会儿去看一次孩子。在孩子学习的时候，很多家长的做法是一会儿去送点心，一会儿去送水果，这其实就是一种监督，不仅打扰孩子学习，还会给孩子造成压力。

大家经常说孩子要有专注力，其实有很多研究表明，**孩子的专注力本身是很强的，但随着家长的干扰，他的专注力就越来越弱了**。如果父母总是时不时去关心一下正在学习的孩子，孩子的心根本静不下来，他会想爸爸妈妈待会儿来不来，外面的动静是怎么回事？……当然，大人可能觉得关心孩子并没有错，而且如果不这么做，就没法监督孩子了，心里会不放心孩子自己学习。

想要解决这个问题，我们需要的是**成果思维**。比如我们给孩子设定的是四十分钟完成作业，那就和孩子约定，我们四十分钟后来看成果。可以用这种方式来告诉孩子，我们对他的学习是关注的。

不管我们是频繁地去监督孩子，还是频繁地去关心孩子，实际上都是对孩子的自我控制能力、自律意识以及自我管理能力的否定。所以，**在学习环境的营造上，除了要有物质的、静态的物理环境的营造，更重要的是真正信任的、支持的心理环境的营造。**

还有一种更好的学习环境，是伴随式的学习环境，也就是家长和孩子共同学习的环境。比如孩子在做作业，我们在旁边看书。这其实起到了一种言传身教的作用，我们在用行为告诉孩子，身为大人的我们也在享受学习，大人的生活里并不全是娱乐消遣的活动。当然这对家长的要求更高，毕竟现在大家手机不离手是常态，但言传身教的效果是更好的。

32

可以让家里的两个孩子一起学习吗?

无论是从生活的角度来看，还是从学习的角度来看，把两个大小不同的孩子放在一起，对他们来说都是非常有帮助的，他们是同等受益的。

◎**大孩子会为小孩子树立榜样。**大孩子的一言一行会影响到小孩子，比如端正的坐姿、读书的腔调等。当然，大孩子要提高对自己的要求才能起到榜样作用。

◎**大孩子可以通过自己的方式给小孩子辅导。**让大孩子辅导小孩子的学习，对他们所学的知识能起到巩固的作用。因为大孩子学过这些知识，知道小孩子学习的困难在哪里，知道怎样能让他们更快理解。

这里有一个问题需要注意，就是小孩子不能一遇到问题就去找大孩子，这样会打扰到大孩子，不利于他们形成好的学习习惯。我们可以使用计时法，比如让孩子定时学习二十分钟，二十分钟后有问题再互相交流，而不是过于频繁的互动。另外，我们可以让两个孩子分开一点，不共用同一张桌子，但是在一个空间里，这样我们能看到两个孩子的不同表现，两个孩子也会看到彼此的表现。这种安排形成了一个小的群体压力，让孩子们能形成彼此约束。

一种比较理想的学习氛围是我们和孩子同处一个空间，构成一个三角，大家在三个点上各做各的事情，孩子的自我约束力、学习效率都不会下降。

现实生活中可能存在一种比较糟糕的状况，就是两个孩子在一起疯玩打闹，没有休止。出现这种情况时，我们可以制定一个家庭规则，要求孩子们学习的时候保持安静，要区别于平时的生活状态。然后再设定时间，比如让小孩子保持安静十分钟，大孩子要保持安静二十分钟。十分钟结束后，我们可以把小孩子带离，让大孩子继续学习。再过十分钟，两个孩子再回到一个空间。

如果要教育孩子，就不能两个孩子一起教育，因为对不同年龄段的孩子的教育方式是不同的，要通过教育一个孩子带动另一个孩子。比如，我们可以让大孩子给弟弟/妹妹做表率，一个好的学生应该是什么样的学习状态。如果小孩子在玩闹，要告诉他现在是学习时间，学习的时候不能随便跑动，不能影响哥哥/姐姐的学习。

大家会发现，有时候人的身份是非常重要的。我们可以让大孩子和小孩子先后扮演同一个角色，比如老师或班长，我们来当学生。先让大孩子当半个小时的老师，给弟弟/妹妹安排学习任务，维持秩序。再让小孩子尝试来当老师，给我们讲他学到的东西。通过在游戏中让孩子扮演不同的角色（老师、学生、班长、科代表），来提升整个家庭的学习氛围，使之达到理想的状态。

33

可以用物质奖励来激励孩子学习吗?

物质奖励是很多家长用来激励孩子的常用手段，这肯定是可以的。不过，任何方法都有两面性，都是一把“双刃剑”。

我们都知道“雪中送炭是真情，锦上添花非实意”，如果我们在孩子不太需要的时候奖励他某样东西，孩子不太会喜欢，就很难对他起到很好的激励作用。

用物质奖励来激励孩子的前提是，孩子要知道自己想要什么，对此要有规划。比如，孩子读完一本书，希望得到某样东西，要提前和家长沟通自己的需求。

那么，用物质奖励来激励孩子的学习，具体应该怎么做呢？

◎**让孩子自己做好规划，明确任务和奖励需求。**比如，如果孩子在半小时内保质保量地完成了家庭作业，累计三次，就可以得到一本想要的漫画书；累计十次，就可以得到一套梦寐以求的拼图游戏。我们从孩子的角度出发设计奖励，来满足孩子的需求，这是最好的物质奖励模式。但是有一点要注意，并不是说孩子想要什么都可以，要规定奖励是和学习有关的东西才行。要让孩子知道，是因为他持续的投入和付出，我们才同意给他这样一个奖励。

当然，有的孩子心态比较“躺平”，不在乎能不能得到物质奖励，也不太想学习，这也是一些家庭里经常碰到的情况。这时，我们要去观察，如果听到孩子说过羡慕同学有某样东西，那就用它来激励孩子的学习。但我们不能立即把这样东西奖励给孩子，而应该像前面所说，孩子要累计几次保质保量地完成任务才可以得到。

◎**奖励有多重限制条件。**物质奖励对孩子的学习可以起到一定的作用，但是，现代心理学认为，过度依赖外部奖励可能会削弱内在动机，孩子可能将学习看成是“换取奖励的工具”，而不是探索学习规律的过程。因此，物质奖励是有限制的。比如，可以奖励背诵古诗词、乘法表这样枯燥但必要的学习任务。另外，一定要奖励孩子学习的过程，而不是奖励学习的结果，比如，奖励“每天自主学习二十分钟”，而不是奖励“学习成绩提高”。对孩子的学习而言，一开始我们可以用物质奖励帮助孩子建立良好的学习习惯，但随后一定要减少。

家庭里的学习和学校里的学习是不一样的。家庭里的学习是广义上的学习，它不仅包括学科学习，也包括很多行为的学习、技能的学习，甚至包括人际关系处理方面的学习。如果奖励孩子学科学习没有作用，那我们还可以通过奖励其他学习来告诉孩子，我们奖励的不单是学科学习，更重要的是他克服困难的决心和毅力，这也会让他获得成长。

◎奖励要有仪式感。在给孩子物质奖励的时候，除了要有规划，还要有后续的“解释”，也就是一个小小的仪式感。这样，孩子才会感受到平等，不会觉得奖励是大人的恩赐、赏赐。我们最容易出现的问题，就是让孩子感觉到我们掌控着他们的生活，当孩子感受到奖励不是恩赐、赏赐时，他和我们之间的关系才是真正的平等，而不是讨好，这样的亲子关系才是健康的。

物质奖励的背后是家长对孩子深切的期待，对孩子的认同才是奖励最本质的意义。也就是说，我们还要在物质奖励之外，给孩子提供正确的反馈，认同孩子的努力和成长，这对孩子来说，就是精神和物质的双重奖励。

34

有必要给孩子报兴趣班吗？

一般来说，是有必要给孩子报兴趣班的。报兴趣班的目的是帮助孩子发现自己的特长，增强自信心，让孩子全面发展。

从这个角度来看，我们在给孩子选择兴趣班的时候，要注意以下几个方面：

◎**尊重孩子的选择。**实际上，我们在为孩子选择兴趣班时，往往会忽略学习者本人——孩子自己的想法。家长不能强逼着孩子去上他不想上的兴趣班，如果孩子不愿意学，在兴趣班里整天混时间，就会养成不好的学习习惯，对学习缺乏敬畏之心，这也不利于孩子的学科学习。

◎**不急功近利。**不要过于期待因为上了某个兴趣班，孩子就会有很大的变化，或者就能为孩子的人生奠定坚实的基础。比如，报了绘画班，孩子长大后不一定能成为画家。通过兴趣班，尝试多种学习活动，孩子对自己的兴趣才能有更加清晰的认识。

◎**报班要精选。**在给孩子选兴趣班的时候，不是说现在孩子有时间、有精力，就给他报很多班，等以后孩子的时间和精力不够了，就缩减甚至放弃，最后臣服于所谓的学业压力，不了了之。我们要选择适合孩子的兴趣班，这不但能发掘孩子的潜能，或许还能帮助孩子找到适合自己的赛道，进而为未来的人生规划、职业选择明确方向。

其实，当孩子真正做某件喜欢的事时，他会克服一切困难去坚持，因为他从中体验到了成就感，也获得了积极、正向的反馈。俗话说“不怕千招会，就怕一招绝”，孩子在某个方面做得好，那他凭这一项本事也可以出彩。所以，我们在给孩子报兴趣班这件事情上，应秉承理性的态度，不求多，而求精，求适合，求孩子能够投入其中。

35

每次辅导作业都生一肚子气，怎么管理情绪？

在辅导孩子做作业时，如果孩子写的速度比较慢，或者一顿乱写，又或者怎么教都不会，我们就容易生气。大家也经常能在新闻报道里看见有些家长辅导作业时甚至被孩子气得住进了医院。

辅导作业时并非管理情绪这么简单，重要的是要搞清楚孩子速度慢、乱写、教不会等情况背后的原因，有可能是孩子不会。孩子不会，我们再生气都没用，我们大吼大叫之后，孩子整个人就蒙了。长此以往，孩子不仅会对写作业产生抵触心理，也会不太愿意让我们辅导作业，因为只要我们坐在他身边，他的大脑就可能发生“短路”，这是很可怕的。

我们要注意，孩子不会做，很可能并不是他态度上有问题，而是能力上有欠缺。当孩子不会的时候，他最需要的是帮助，我们要帮助他学会。具体怎么做呢？

◎**让孩子自学。**孩子的作业内容基本都是他在课堂上学习的东西，他是有一定基础的，所以我们不要否认孩子的自学能力，要相信他通过自学可以学会。在孩子自学的同时，我们可以给他提供一些思考方向和线索，比如前后内容之间有什么联系？作业中的练习属于哪一种类型？该用哪种方法？我们要给予孩子思考的时间，而不是一味发泄情绪，说一些不该说的话。

◎**帮孩子学。**这里所说的“帮”，并不是要家长给孩子讲，因为有时候家长的讲解方式和老师的不太一样，孩子有可能会因此感到困惑。家长可以找一些同类型的练习题，在有答案的情况下，让孩子看看答案，然后和孩子共同分析答案是怎么得出来的。我们永远要把孩子自己学放在第一位，因为学习是他自己的事，他自己必须参与其中，这也是在尊重孩子。

◎**向老师求助。**如果一些问题家长实在解决不了，可以让孩子去问老师。有些家长觉得，一遇到难题就去问老师，老师也会回答不过来。其实不用顾虑这一点，因为老师也需要了解孩子对课堂学习的掌握情况，以便更有针对性地展开教学。

当然，也有孩子对待作业的态度就是不够认真。学习态度是孩子对学习价值感的一种“投射”。这些孩子表现出来的不认真反映出他们内心对学习的不重视。他们在玩游戏时的专注度远超学习时的专注度，因为他们能在游戏中获得克服困难的成就感。相对而言，写作业是一种持久而又单调的学习，难以激起他们对学习的兴趣，导致他们的内心缺乏坚持的动力。这时，我们要多和孩子讨论未来要成为什么样的人，成为这样的人可能会面对哪些困难，需要怎样坚持。当孩子有了长远的目标，也就有了克服眼下困难的动力。

学习是一个长期的过程，有很多孩子在小学时表现不突出，但在后续的学习中却能“逆袭”。之所以会发生这样的情况，是因为孩子在某个点上受到“激发”，从而爆发出学习的活力，成绩也突飞猛进。为了孩子能有一个更好的未来，我们不能让自己的情绪影响孩子学习的积极性，更不能让孩子丧失学习的自信心，以致无法正确认识自己的能力。

作业是孩子的事情，我们不能包办代替，但也不能彻底放手。面对困难，我们应该让孩子感受到的是帮助、支持，而不是指责、埋怨。

36

是否应该额外给孩子布置作业以及任务?

事实上，学校给孩子布置的作业对他们来说已经是很大的挑战了，所以我们不必额外再给孩子布置作业。这一点适用于所有的家庭，不管你的孩子做得快还是做得慢，作业都应适量。

现在是“双减”时代，为什么要提倡减轻孩子的家庭作业？因为我们有一个更好、更高的目标，就是孩子如果学有余力，要去寻找自己的兴趣爱好，发掘潜能，发展自己，提升自己解决问题的能力，尤其是在复杂情境里解决问题的能力。

虽然不建议再给孩子留书面的作业，但是可以给孩子布置任务。比如，孩子写完作业之后，让他自选任务，并设置一种激励机制，像玩游戏一样，完成某项任务可以获得一些积分，攒够一定的积分就可以换取奖励。

这里所说的任务，是需要孩子到真实的生活情境里锻炼、实践的。任务可以跟做家务相关，比如简单的烹饪，教给孩子一些必备的生存技能；比如学习收拾房间，学习收纳和整理杂物也可以培养孩子的逻辑思维。任务也可以跟学习有关，比如每天阅读二十分钟或者每天阅读多少页内容。还可以给孩子布置跳绳、跑步这样的体育锻炼任务。任务可以丰富多样，重在增加孩子的人生体验。

在小学阶段，孩子的体验，不管是美好的，还是不美好的，都是历练，是宝贵的人生经验。这种生活经验、社会经验以及个人锻炼的经验，能够帮助孩子树立正确的价值观，比如，要通过个人的劳动获得回报，要克服困难才能获得成长。这些正确的生活观念，能够让孩子清晰地认识到自食其力才是真实生活，而非依靠大人一种模式。

所以，孩子做完作业就足够了，我们不需要再给孩子增加额外的书面作业。而我们给孩子布置的任务可以花样百出，让孩子有更多的生活体验、生命体验，这样孩子的生命才会更有厚度，才会为他们的未来发展奠定坚实的基础。

37

孩子上二年级，父母不想“鸡娃”可以吗？

“鸡娃”是一个比较热的网络词语，即用一些孩子不太能接受的方式去激励孩子，让孩子发生改变。

二年级的孩子正处于成长的关键期，又处于低年级阶段，他们对于怎么认识自己、怎么认识学习，还是很懵懂的。我们千万不要认为孩子随年龄增长心智也就成长了，这是不可能的，没有孩子可以完全靠自己成长为心智成熟、人格独立的人，他一定会受周围的环境、家长、老师、同伴等的影响，所以，正向引导和激励非常关键。那该不该“鸡娃”呢？

◎**“鸡娃”的教育方式不可取。**作为家长，我们是孩子成长的第一责任人，肯定要激励、引导孩子成长。但是我们要注意方式、方法，不要让孩子时刻处于高压环境中，每天“连轴转”地学习，跟“打鸡血”一样，这样做会严重损害孩子的身心健康，会适得其反。

◎**不“鸡娃”不等于放任不管。**在孩子很小的时候，如果家长对孩子完全“放养”，会让孩子认为家长不重视自己的学习和成长，从而表现消极。所以，家长还是要正常表达，如果孩子的成绩、成长没有达到家长的预期，就表现出“不满”，如果达到预期，就表现出“高兴”。父母的情绪就像孩子的“导航”，引导着他们前进的方向。

◎**给予孩子正确合理的期待，是孩子成长的动力。**当然，我们期待的高低得根据孩子的情况具体分析，对有的孩子需要提高期待，对有的孩子需要降低期待。需要注意的是，期待的标准不是成绩，而是性格，有的孩子特别上进，我们就要降低期待，让他缓一缓，别把自己逼得太紧；有的孩子不紧不慢，但有实力，我们就要提高期待，把他的潜能激发出来；对于一般的孩子，我们保持合理的期待就可以了。

除了大人要正确激励孩子，不管哪个年龄段的小学生，都需要自我激励。自我激励的前提是自我认同、自我反思，因此一定要留给孩子自我反思的时间。但孩子也不是天然就会反思的，我们在家里可以多跟孩子聊天，引导他们学会反思，此时要避免批评孩子，要让孩子愿意跟我们讲真话。其实，孩子每天都可能遇到困难，但家庭氛围决定了他是否会说出来。

我们的孩子一定要成长，并且要在竞争的环境里健康成长，所以激励孩子成长这个大方向是永远要保持的，这也是家长的本职工作。在方向正确的前提下，激励也要讲究方式和方法。

38

如何有效陪伴孩子阅读?

阅读的有效性是长效而非短效的，所以我们要把阅读这件事放在相对长的时间里，比如一个星期以上，不能以天来计算，更不能以小时和分钟来计算。在陪伴孩子阅读时，我们怎么做才更有效呢?

◎**做好孩子的阅读规划。**对小学生来说，阅读是他们获取知识和经验的主要途径，阅读规划也是他们人生规划的一部分。如果孩子有未来想从事的职业，就可以先阅读与之相关的书。比如，想成为昆虫学家，孩子就可以阅读跟昆虫有关的书。帮助孩子做阅读计划，是我们陪伴孩子阅读的第一步。有了规划之后，孩子就可以自我监督，每天对照规划查看执行的情况。如果执行得不好，就要思考是因为规划的要求过高，个人的执行能力不强，还是选取的阅读材料不适合。找到原因后，我们再对规划做出适当的调整。

◎**选择适合孩子的好书。**孩子对书的内容一般都会有偏好，比如，对某类书缺乏兴趣、读不懂等，所以，选书非常关键。如果随便给孩子买了一本不适合他的书，孩子就会怀疑自己的阅读能力。现在图书的种类十分丰富，我们的选择余地还是很大的，因此，要尽可能为孩子提供足够多的选择。选书时，我们不应直接问孩子某本书行不行，因为让孩子在短时间内作出判断非常困难。我们可以慢慢观察，也可以多跟孩子交流，带孩子去书店选购，从而发现比较适合孩子阅读的图书。

◎**留出反馈交流的时间和空间。**陪伴阅读，并不是要一直待在孩子身边盯着孩子读，也不一定是把孩子搂在怀里亲子共读，只要上了小学，孩子慢慢就学会独立自主地阅读了。我们需要做的是，给孩子提供阅读反馈交流的时间和空间。比如，对于低年级孩子，了解他们今天读了什么书，最喜欢其中哪部分内容，或者让孩子记录一下每天的阅读感受，就像写留言簿一样，不用长篇大论。针对孩子的阅读感受，我们可以简单回复，表达我们的心情或看法。这种交流方法非常简单，花费三五分钟就能做到。

能在以上这三个方面支持孩子的阅读，我们就做到了有效陪伴。

39

如何帮助孩子扩展知识面?

其实，知识的获取没有明确的界定，既有书本知识，也有人生经历的知识；既有记录下来的知识，也有应用类的知识。所以，对于这个问题，最好的回答就是“行万里路，读万卷书”，将书本学习和人生经历综合起来。具体来说，我们可以引导孩子从以下三个方面来拓展知识面。

◎多读书，扩展孩子的知识视野和语言疆界。书籍作者主要通过语言文字塑造书中的世界。非虚构类的书，如历史、科普、名人传记，能够让孩子更好地了解现实世界。虚构类的书，如小说、童话、寓言、诗歌，能够帮助孩子更好地发展想象力。孩子阅读书籍，就是在通过语言文字想象作者所描述的世界，并从作者那学到好的写作方法，进而产生讲述自己的世界的冲动，最终学会用文字表达自己。

◎**多带孩子去旅行。**利用假期，我们可以多带孩子去逛博物馆、艺术馆等，游览自然山水，让孩子欣赏人文历史的印记。孩子见得多了，头脑自然就会丰富。在旅途中，让孩子尽量养成记录的习惯。记录，不要只局限在文字记录，也可以是语音记录、视频记录，要让这些旅行记录成为孩子的成长记录。不过，千万不要规定孩子必须写日记、游记，这样可能会给孩子带来压力，因为孩子表达自己、记录生活的方式已经和过去完全不一样了，他们可选的方式有很多种。无论哪种记录方式，最主要的是要让孩子把最真实的自己表达出来。

◎**读了书再去行路，行了路再来读书。**这是拓展知识面的最好方式，因为两者是相辅相成的。要去某个地方，我们要先让孩子了解这个地方的基本情况，甚至要做旅行攻略，这样就把阅读融入其中了。孩子要先读懂，再建立画面感，最后到实地体验。如果我们只是盲目地带还处在小学阶段的孩子去大人爱去的那些网红打卡地拍几张照片，这对孩子来说没什么意义。

拓展孩子知识面的途径无外乎上面提到的这些，在这背后，最重要的是孩子要有自己的人生体验和感悟，这样，他们才能见识更真实、更广阔的世界。

40

孩子总是更关注电子设备，如何引导？

当下的时代到处充斥着电子设备，每个人都难免会受到影响。使用电子设备，也是孩子学习的一种途径。在这个问题上，我们要关注的是使用的尺度。作为家长，引导孩子不过度关注电子设备是一项重要的教育任务。

◎家长要以身作则，做好示范。电子设备是把双刃剑，对大人和孩子来说，都是如此。如果我们在家里几乎任何时候都在使用电子设备，就会对孩子产生潜移默化的影响，孩子一想起爸爸妈妈来，就是躺在床上、沙发上看手机的形象，这一形象甚至在孩子心中根深蒂固，孩子也会有样学样。所以我们要以身作则，适度做一些调整，手机再吸引人也要先放下，尤其是孩子比较小的时候。如果我们要做孩子学习的陪伴者，第一步就是要放下手机。

◎**制定家庭规则，设定电子设备使用时间限制。**就像每天需要吃三餐，我们也需要有时间进行户外活动、阅读书籍、与家人朋友互动。因此，我们在家里可以制定电子设备使用规则，合理规定孩子每天使用电子设备的时间。当孩子遵守规则时，就给予奖励。如果孩子连续五天都遵守规则，周末我们就可以带孩子去他最喜欢的地方玩。

◎**安排多样化的活动。**我们可以定期计划一次无电子设备的家庭活动，比如远足、骑行，去欣赏美丽的风景，感受大自然的宁静，这是电子设备无法提供的体验。还可以给孩子提供有趣的教育游戏或实验，如拼图、科学实验套件或烹饪课程，这比单纯玩游戏更有益，能增长孩子的知识和技能。还可以鼓励孩子与朋友面对面交流，而不是只通过社交媒体聊天。孩子在和朋友一起打篮球时，可以学习团队合作和沟通技巧，这些是电子设备无法教会他们的。

◎**平衡电子设备学习与传统学习。**电子设备为孩子提供了丰富的学习资源和互动体验，但过度依赖电子设备可能会影响孩子的专注力和真实生活体验。因此，我们可以将电子设备学习与传统的阅读、动手实践相结合。例如，孩子通过电子设备获取信息或完成在线练习后，再通过阅读纸质书籍、写作等方式深入理解和巩固知识。这样，孩子在充分利用现代科技的同时，也培养了专注力、创造力和数据思维。

沉溺于电子设备，人类的思维发展就会受到限制。只有合理运用电子设备，孩子才会得到更好的发展，人类才能借助电子设备不断进步。

41

在不同年级，家长如何参与孩子的学习？

不管是几年级的小学生，都应该以自主学习为主，尤其是孩子在家写作业的时候，家长不应参与过多。而在不同年级，家长参与孩子学习的程度也略有区别。

◎一年级时，从起点开始，全程陪伴。孩子上一年级时，基本没什么书面作业，尤其是“双减”之后，但老师有时会留一些综合性作业或者家庭劳动作业。留这种作业的时候，家长从一开始就要参与，因为如果我们不参与，孩子可能就会忘记完成或者不会做。这里说的参与，并不是代替孩子做，主要任务还是要孩子自己做，这样孩子才能建立自信心。我们的参与就是全程陪伴。

◎二年级时，建立询问机制。孩子上了二年级，我们不一定全程陪伴，而是在孩子做完作业之后，询问他是否还有其他作业,需不需要帮助。孩子需要我们多帮助，我们就帮助得多一点，孩子不需要我们帮助，我们就不用帮助。

就像有的孩子刚学会吃饭，虽然弄得到处都是，但是拒绝家长的帮助，因为他要学习掌控自己。如果家长硬要参与,孩子的依赖性就会增强,甚至需要喂他吃才行。将来孩子养成衣来伸手、饭来张口的习惯，就是家长过多干预造成的。所以，孩子上了二年级，家长随时可以参与他的学习，但是参与的尺度由孩子去把握。

◎三年级到六年级，酌情参与。这个阶段的孩子知道作业大概怎么做，所以家长是否要参与孩子的学习，取决于孩子。如果孩子经常忘记做作业或者有意回避作业，那家长一定要参与，并且要和老师保持沟通。如果孩子没有出现过类似的情况，我们就不需要参与。但是其他有关学习的事项，比如制订阅读计划，我们还是要参与其中。

孩子每个阶段的学习，又分为学科的学习和生活技能、兴趣爱好的学习，我们要做好区分。学科学习中家庭作业的部分，家长视情况来参与。对于生活技能、兴趣爱好的学习，家长则需要全程参与，因为孩子从生下来就与我们的生命交叠在一起，无论意愿如何，我们都得参与其中，参与得越早，孩子的人生规划可能就越好。

当然，参与不是包办、代替，尺度取决于孩子正在完成的是新的任务还是已做过的任务。所以这个问题非常个性化，要区分场景、内容，更要区别孩子，因为不同的孩子需要的帮助也是不一样的。

42

当下的竞争很激烈，家长如何保持平常心？

其实整个人类社会的竞争都是越来越激烈的，因为信息通道越来越畅通。过去我们经常把自己的孩子和“别人家的孩子”比较，现在变成了和全世界的优秀孩子作比较，不管别的孩子展示的是哪一种才艺，日益焦虑的家长总会自我反思“我的孩子是不是输在了这方面”，以至于很难保持一颗平常心。

不过，有时候也不用过于焦虑，我们要了解社会上日渐激烈的竞争模式，也要看到孩子之间的不同。

◎面对竞争，“佛系”的态度不可取。所谓“佛系”，就是顺其自然。世界上没有任何一件事情能够真正顺其自然，即便是动植物的自然生长也都是要克服种种困难的，因为大自然的竞争非常残酷，既有不同种类之间的竞争，也有同类之间的竞争，即便同一棵树的叶子也都在争夺阳光、养分，所以竞争是社会发展的永恒法则，竞争永远存在，我们不能无视它。

◎应进行良性竞争，只和自己比。很多家长会用自己孩子的短处去和别人家的孩子的长处比，这样比来比去没有任何好处，只会让自己的孩子更缺乏自信。可能有人会说，那能不能用孩子的长处去比别人的短处呢？这样也不可取，因为骄傲使人落后。唯有和自己比，才会看到自己是否在进步。

◎要合理、正确地认识自己的孩子。其实，很多人无法真正做到保持平常心，就像每次孩子的成绩出来，无论是学业成绩还是其他方面的表现，只要存在比较，我们肯定会有一些心理上的不平衡。这个世界上没有最优秀的孩子，我们的孩子一定不是最优秀的，但也一定不是最差的，因为他有与众不同的方面。这样的认知，是我们保持平常心的基础。

所谓平常心，不是放弃，不是回避，而是对孩子有清晰的规划，包括孩子人生的目标规划、现阶段学习的重点规划。我们要了解并遵循孩子成长的规律，不拔苗助长，要每天能看到孩子的进步，也要让孩子每天看到自己的成长变化，从而慢慢建立起自信心。如果孩子在学业上有些落后，那我们要帮他一个台阶、一个台阶地往上走，鼓励、支持他，让他坚持每天进步一点点，日积月累，不断提高，这就是保持平常心最好的表现。

43

工作很忙，很难分身陪伴孩子学习怎么办?

在现代社会，家长普遍比较忙，但我们也不难发现，很多忙碌到无法陪伴孩子的家长，他们的孩子成绩也非常优异。在陪伴孩子学习这件事上，如果大人不能做到有益，千万要做到无害，所以不陪伴未必是坏事。因为不陪伴，孩子就不会受到更多的干扰。如果孩子自主学习的能力比较强的话，家长不陪伴，也不会影响他的学习。

如果孩子没有自主学习的能力和意识，自控能力也没有那么强，我们又无法分身陪伴，该怎么办呢？

◎**鼓励孩子按照学习计划学习。**如果我们不能分身陪伴孩子，也不要以监控者的身份来监管孩子，像在家里安装摄像头来监督孩子学习的做法是不可取的，相反，我们可以用学习计划来规范孩子的学习。有时，孩子可能因为没能按计划完成任务而懊悔。有时，可能会因为提前完成任务而兴奋不已。对孩子而言，这些都是宝贵的学习经验，会慢慢让孩子知道如何做才能按计划完成任务。所以我们要鼓励孩子做学习计划，同时为孩子提供完成计划所需的条件，这是最好的陪伴。对孩子的学习而言，不是说有一个人在旁边就是陪伴，重要的是我们要永远提供支持。

◎**提供丰富的阅读书目让孩子选择。**孩子提前完成任务后，可以按照自己的兴趣有选择地阅读。家长应该和孩子提前商量好阅读的书目，然后按照孩子的要求为其提供可以阅读的书籍。一般来说，家里的存书量应该是孩子阅读量的十倍，这可以给孩子提供更大的选择空间，保证孩子在完成学习任务以后，能够自由地选择喜欢的书来读。优秀的图书陪伴孩子，就像智者围绕在孩子身边，孩子可以学到很多在生活中学不到的东西。

◎考察结果。有时，我们可能会出差好几天不在家，那么回来之后要跟孩子聊一聊。首先，要聊孩子这几天有什么收获，有哪些成果和我们分享。我们要非常认同他的成果，即使成果可能有点小，也要正向激励。其次，要让孩子说说在学习过程中遇到哪些困难。面对孩子提出的困难，我们不要急于提供帮助，而是询问孩子能否自己克服。如果孩子能给出解决困难的想法和措施，这是最好的。如果孩子不能自行解决，我们要跟孩子商讨如何打开思路，解决问题。

无法陪伴孩子，实际上能够为培养孩子的自主、自立、自强提供非常好的空间和契机，这时，我们要做到的就是三点——计划、支持、反馈。如果因为无法陪伴觉得心中有愧而只给孩子物质奖励，却不管学习，会让孩子失去学习的积极性，甚至更加抵触学习。

后记

这本书采取问答的形式，我的回答有时候会进一步澄清问题，有时候会进行追问。这种问答的方式，更好地调动了我的个人积累，也触发了我对美好教育的想象。

现在是人工智能时代，对某些读者而言，这些关于孩子学习的问题，求助 AI 可能会得到更清晰、全面的答案，为什么还要听一个人来回答？我想，我的价值在于我的“温度”以及对教育的“隐忧”。我的回答源于我的经验、思考以及对未来的期待，始终带着对孩子的关怀与情感。教育不仅是知识的传递，更是人与人之间的联结，而这一点，是 AI 永远无法做到的。

我在小学工作二十六年，做过十年班主任，在两所不同体制的学校做过十年校长。当书中这些问题摆在我面前的时候，我脑海中会浮现出无数家长和孩子的形象，也会想到不同的教育场景，每一个问题都有画面。所以，答案是“鲜活”的，因为背后有足够的教育经验做支撑。同时，答案又具有局限性，因为我想到的那个孩子和家长，并不是真正提出问题的孩子和家长。因此，答案未必是适合的。孩子们千差万别，使用这本书的家长一定要注意，不能完全对号入座，而应该学习总结自己的教育智慧，体会、改变教育观念，进而找到适合自己孩子的路径、方法。

我现在负责教师培训，能够接触到更广大区域内的一线教师，如何帮助学习困难的学生，对老师们来说也具有一定的挑战性，需要更加专业的指导。这本书也适合小学教师使用，对照书中内容，可以思考在学校场景中，应该如何以同理心来关注有学习困难的学生，如何以有效的策略来支持他们。教师作为专业工作者，应该与时俱进，以专业的态度与能力去帮助学生解决学习困难，而不是一味地向家长和学生施加压力。虽然我知道能够看到这本书的老师可能不多，因为他们每天都在应对各种棘手的问题，但还是希望这本书能够让更多的教师看到，因为帮助孩子克服学习困难也是教师的专业责任。

“学习之书”系列的出现，得益于禹田文化传媒总编辑姚湘竹女士的前瞻性提议，为了更好地做好社会服务，尤其体现教育对孩子的重要作用，她策划了这套书。我们在第一次聊起这个想法的时候就一拍即合，随即将这套书定名为“学习之书”系列，有写给家长的《有效的陪伴者》，有写给孩子的《我为何学习》《我如何学习》，未来可能还会有写给老师的。感谢这套书的编辑云海燕女士，她全程参与策划，向家长和学生征集问题，进行问题的筛选和归类，对文字进行编辑整理，才有了现在大家看到的这本书的框架、问题和答案。

感谢我带的中央民族大学教育学院的研究生丁荣晨、路鹏、张瀚文、蒋芯悦，他们在书稿的整理、修改过程中贡献了智慧，提供了参考，使这本书既有了来自第一批读者的反馈，又增加了一些学术含量。

还要感谢那些在我头脑中留存了影像的学生和家长，他们为我提供了源源不断的灵感，让每个问题都有相对丰富的答案。

书中疏漏之处在所难免，敬请读者批评指正，也欢迎大家提出更多的研究问题，为“学习之书”系列的后续出版提供宝贵的想法与灵感。问题反馈可以发送到以下邮箱：xuexizhishu@163.com。我们将以研究的态度对待这些问题，力求给出更专业的解答。

李怀源